絵になる子育てなんかない

養老孟司
＋
小島慶子

幻冬舎

絵になる子育てなんかない

絵になる子育てなんかない　目次

はじめに

八年前、先生のご自宅に押しかけました　11
世の中が変わるなら子育ても変えなきゃいけないですか　14

第一章　子離れなんて、できなくていい

「子ども」と文明社会・都市社会はそもそも折り合わない　18
どうして「一回失敗したら終わり」と思いこむのか　20
「親離れ」「子離れ」は親が死ぬまで解決しないもの　22
母親はどうやっても子どもを支配してしまう存在　25
企業では子育てが個人の趣味のように扱われている　27
迷惑な重すぎる親から学べる大切なこととは　29
一緒に住んでいても親と子が見ているものはまったく違う　32
「絵になる子育て」に縛られて自分を追い詰める私たち　34
相手を受け入れながら絶えず目をかけるのが「手入れ」　37

地味で単調な繰り返しのなか、子どもは勝手に育っていく　39
悪いことも教えてくれる「無責任な叔父さん」がいるといい　42
同じ価値観の集団のなかで過ごさせるのはマイナスですか　44
能力主義を取り入れると「人を見る目」が衰える　47
「生と死」「父と母」、すべて「反対」でなく「補完」の関係　51
悩むより、やって間違えてやり直すほうが生産的　53
生きることはリスクをとって選択することの繰り返し　55
正確な情報を求める声の背後にある、楽になりたい心理　57
物事を細かく知ろうとしたら全体像はぼやけてくる　60

第二章　それでもお受験、させますか

「こんなに頑張っている私を誰も褒めてくれない！」　66
子どもはよくわかっているし、よく考えている　68
上のほうの層だけ伸ばせばいいという発想は危ない　71

全員を「世間並」まで引き上げないと社会は回らない　74
バイリンガル教育は脳への負担が大きすぎる　76
本当に世界に役立つことなら向こうが勝手に翻訳する　79
早期教育はしょせん抜け駆けの不毛な競争　81
入試は実は、客観的根拠のない不公平なシステム　83
仕事とおカネの出所が直結している人は信用できる　85
一流企業志向の生き方は結局得にならない　87
スポーツではなく「体育」をやれ　89
子どもに性の仕組みを教えるのはよくないですか　92
ときには自分と違う生きものの目で社会を見る　96
「イクメン」は子育てにプラスか？「自然」に反するか？　98
妻の夫への愛情が右肩下がりになる理由　102
専業主婦生活は理想の暮らしか？　しんどいか？　104
時間と力を持て余しているならぜひ山林の手入れを　107

第三章　どんな花だって、世界に一つ

「その人の器なりの人生」という考え方を失った社会　112
生を支えるのは「誰かの役に立っている」という実感　114
自然は常に「答え」を与えてくれている　118
禁煙、温暖化論……世界規模で世論操作が進んでいる？　121
アタマだけで生きている人は操られやすい　125
「地に足がついていない人」で成り立っている都市社会　127
いまほど「田舎で暮らす体験」が重要な時代はない　130
これからはグローバルな時代だなんて、まったくのウソ　133
日本はなにごとも世界の五五分の一を目指せばいい　135
ローカルなものこそがグローバルな共感を得られる　137
親が責任を負えるのはしょせん自分が生きている間だけ　139
もう高度経済成長の成功体験から自由になろう　141
自分だって虐待するかも、と思っていたほうがいい　146

「子どもは三人ぐらいがいい」と言われてきた理由 149
窓を開けたままで、子どもを怒鳴ろう 151

第四章　おカネとエネルギーに依存しない幸せ

周囲とぶつかる人、迷惑かける人のほうが信用できる 156
弱い者が楽に生きられることが日本のいいところ 158
原発事故で次々にバレた、二〇世紀日本の失敗 162
オウムの若者とオレオレ詐欺の若者は同じ「問い」の答え 166
「科学の結論は正しい」と言う人はインチキ 170
技術を極めても、自然のオリジナルなものには勝てない 173
親は産んだつもり、子どもはひとりでに生まれたつもり 174
背の高い人同士が結婚しても子どもの身長は平均に戻る 176
自殺者三万人超えは経済的な理由によるのか 179
日本は人間一人ひとりの重みが感じられない社会 181

三万の死には三万通りの謎があり、一括りにできない 184
いまを生きろ、本気になれないことなんかするな 186
攻撃性が自分に向かう日本、他者に向かうアメリカ 188
都市と田舎に住居を持つこと、旅することの発散作用 190
第一次産業の現場にいる人は強くて元気でまとも 192
ロケットを月に飛ばしたのは本当に偉業だったのか 195
「普通の人」の手に負えるシステムでなければ持続できない 197
おカネにも石油エネルギーにも依存しない幸せとは 199

あとがき

真剣に生きてさえいれば大丈夫　養老孟司 202
中途半端で、キラキラしたもの。　小島慶子 206

装幀　鈴木成一デザイン室
カバー・本文写真　神ノ川智早
題字・イラスト　小島ＳＯＮＳ
構成　小峰敦子

はじめに

八年前、先生のご自宅に押しかけました

小島　先生、私は今日という日を迎えることができて、感無量なんです。先生は覚えていらっしゃいますか。初めてお会いしたのは一九九九年でしたね。

養老　テレビでしょ。

小島　「生命38億年スペシャル　人間とは何だ!?」（シリーズ第二回・一九九九年一一月放送・ＴＢＳ）という特別番組に先生がご出演されたとき、私は番組進行役である古舘伊知郎さんのアシスタントを務めていまして、そこで初めてお目にかかりました。

「脳の神秘」をテーマに、子どもの脳の発達のメカニズムやそこに〝愛〟が与える影響などについて掘り下げ、当時から社会問題になりつつあった「母性喪失」や「家族崩壊」もとり上げました。先生から、それはもう目からウロコが落ちるようなお話をたくさん聞いて、私は感銘の受けっぱなし。カメラが回っていないときも、先生を質問攻めにしてしまいました。あのときから、私は先生に夢中になりまして。

養老　勝手にだよね（笑）。

小島　それからというもの、先生のご著書を読みあさって、とくに初めての妊娠中に読んだ『手入れ文化と日本』（白日社）は私のバイブルになりました。

育児休業中に、いても立ってもいられず、先生の「手入れの思想」を広めたいんです、先生と子育ての本を出したいんです、でも全然出せる当てはないんです、とりあえずお話だけでも聞かせてください……と、いきなり先生をお訪ねしましたね。

養老　わざわざ鎌倉に来てくださった。

小島　はい、鎌倉のご自宅に。先生のご著書にたびたび登場する「子どもは自然である」という説に、私はとても励まされていたので、これを全国のお母さんたちに教えてあげたかった。きっと、多くのお母さんが楽になると思ったんです。

今年が二〇一一年ですから、育児休業中に押しかけた日から苦節八年。まさか本当に本を出せることになるとは、夢にも思いませんでした。うれしいです。

養老　その間に、二人の男の子のお母さんになった。なんでも、自分の子どもをエイリアン呼ばわりしているって。とんでもない母親じゃないですか（笑）。

小島　はい、そのあたりのお話もおいおい。

養老　私はまだアタマがテーマのほうに向いてませんけど、大丈夫だろうか。

小島　海外からお帰りになったばかりだそうで。鎌倉のお宅にうかがったとき、昆虫の標本の山を拝見しましたが、今回も虫捕りの旅ですか。あの、やけに地味な虫。確か、なんとかゾウムシ。

養老　ヒゲボソゾウムシ。ラオスでここ二週間、ゾウムシをずっと追いかけていました。

小島　では先生、私が巨大生物に見えるんじゃあ……（編集部註／身長一七二cm）。

養老　はい。

小島　…………。

世の中が変わるなら子育ても変えなきゃいけないですか

小島　三月一一日（東日本大震災）は、どちらにいらっしゃいましたか。

養老　外出先からちょうど、鎌倉の自宅に戻ったところでした。鎌倉も大変な揺れでしてね、幸い被害はありませんでしたが、我が家の飼い猫がよろよろっと私の前に出てきて、ぱたりと倒れましたよ。

小島　そうですか。よほど怖かったんですね。

私は東京・赤坂のスタジオでラジオの生放送中でした（「小島慶子　キラ☆

キラ」ＴＢＳラジオ)。長い揺れの間もマイクが生きていましたので、ガタガタと機材が揺れる大きな音に負けないよう、リスナーのみなさんに落ち着いた行動と避難を呼びかけていました。その後、番組はすべて地震関連の速報に切り替わりました。週明けからの生放送は、震災・原発関連中心に進めました。

番組には、大変な状況にある被災地の方からの声が続々と届きました。少し時間が経って、電気や水道などの問題が解決してからも、たくさんの切実な悩みが寄せられました。

例えば、仙台の幼稚園児のお母さんから、メールをいただいたんです。戦後最大の国難と言われ、世の中が変わる、変わると言われているけれど、世の中が変わるんだったら、子育ても変えなければいけないのではないか。でも、じゃあこれから子どもをどうやって育てていけばいいんだろう。そういう悩みでした。

たしかに、地震と原発の事故によって、大きな価値観の転換を迫られた人は多いでしょう。半年が経って、直接の被災地ではないところでは、一見、普通の生活を取り戻したようですが、エネルギー問題一つとっても、日本がこれからどのように歩んでいくのか、はっきりした見通しがほしくても、まだ答えが定まりません。そんな中で親は、未来の社会を担う子どもたちに、何を教え、何を残していくべきなのか、先生にいろいろお尋ねしますのでよろしくお願いします。

養老　あまり難しい話はしないでね（笑）。

第一章
子離れなんて、できなくていい

「子ども」と文明社会・都市社会はそもそも折り合わない

小島　私は三〇歳で初めて出産しましたが、実際に子どもを産んでみたら、子育ての先輩や私の親世代の方たちからのアドバイスがとても息苦しくて、戸惑ったんです。

それは実は産む前から始まっていて、例えば、まず、どの産院を選ぶか。いざ産まれたら今度は、幼児教育をどうするか、どの学校に入れるか、習いごとは何をやらせるか。まるであらゆる選択において常に「正解」を選び続けない限り、子育ては失敗するのだと言わんばかりのアドバイスばかりでした。

母親は子どもが生まれた途端、これから先は一歩も間違えてはいけないというプレッシャーにさらされる。どうしてこんなに苦しい子育てになってしまうんでしょう?

養老　だって、子どもをこうしよう、ああしようというのは、人が考えること、すなわち「意識」でしょ。その意識というのはいつごろ生まれたものなのか。
地球の歴史が四六億年と言われています。恐竜が出現したのが約一億年前。恐竜も子育てしていたかもしれないけれど、それはいくらなんでも古過ぎるだろうというのなら、恐竜が滅びたのが六〇〇〇万年以上前で、その後、哺乳類の時代になる。哺乳類はずっと子どもを育ててきました。

小島　子育ては一億年、少なくとも六〇〇〇万年前から始まっているんですね。

養老　そうです。われわれホモ・サピエンスの発生は二五万年前。現在のヒトが登場しました。「意識」というものができたのもそのころです。

六〇〇〇万年以上やっている「子育て」を、たかだか二五万年前にできた「意識」でどうにかコントロールしようにも、そんなことできるはずもないんです。

ヒトは遅れてやってきたのに、万物の霊長だなんて言って一番偉いと思っているでしょ。あたかも当然であるかのごとく大先輩たる自然を破壊し、コントロールしようとする。これはヒトの脳が生み出した「意識」というものの悪いクセです。現在の文明社会・都市社会なんてまさに、アタマで考えてつくったものですね。

そもそも意識というものは身体より後から生じたものですから、ヒトは身体が基盤、すなわち自然が基盤なんです。子どもは典型的な「自然」です。子どもは現代社会のような、意識がつくった設計図のとおりにできたものではない。こういう子どもをつくりたいと思ってもできないんです。六〇〇〇万年前から設計図なしにできて、育っているんです。それを、「こう育てればこうなる」と意識で思っているなんて間違い。そんなものは文明社会・都市社会のただの思いこみですよ。

子どもの世界と現代社会はどうしても折り合わないんです。

どうして「一回失敗したら終わり」と思いこむのか

小島　「こう育てればこうなるはず」という思いこみが、子育ては一回失敗したら大変なことになると、親を追い詰めるんですね。

養老　でも、失敗しない人なんていないのかな。人は失敗して学んでいるわけでしょ。お母さんたちはどうして、失敗したことはすべてマイナスであると思ってしまうんだろう。

おそらく、失敗にも上手な失敗と下手な失敗があるんでしょうね。

小島　上手な失敗とはどういう失敗ですか。

養老　それが薬になるという失敗でしょう。いっぱいあるじゃないですか、そういうことって。

小島　たしかに、失敗しなければわからなかったことってありますね。

養老　第一、うまくいけばそれでいいんですかね。

小島　問題はそこだと思うんです。「うまくいく」というのは、親が頭のなかに描いた青写真のとおりに子どもを成長させるということなんですね。あくまでも親から見て、うまくいっていると思いたいんです。かと言ってそれで失敗した場合、親が責任を取れるわけでもない。

出産すると、人間ともエイリアンともつかないものが目の前に突然出てきます。で、放っておいたら乾いて死んじゃうんじゃないかという状態から必死に授乳をし、生命を維持していくところから、子どもとのつきあいが始まる。生まれて初めて「命」を預かる重責に、私は押しつぶされそうになったんですが、それと同時に、子どもが成人するまで、あるいは成人した後の人生までも、私が責任を持ってうまいことやってやらなければいけないのだと思いこんでしまうのは危険だな、とも思ったんです。

でも実際には、そうやって背負いこんでしまう親が多いんじゃないかな。

養老　日本の場合は、それは永遠の課題でしょう。

小島　「子離れ」の問題ですか。

養老　「子離れ」、そして「親離れ」。

「親離れ」「子離れ」は親が死ぬまで解決しないもの

養老　東日本大震災の翌日、友人のお母さんが九七歳で亡くなりました。いつも朝起きたら食卓に座っているのに、その日はつっぷしていた。嫁さんが見たら亡くなっていたそうです。だから友人は、「おふくろは地震による犠牲者だ」と言い張り、犠牲者にカウントされないことを怒っていた。でもね、弔問にうかがったら、友人の顔が久しぶりにふっくらした明るい顔をしていたんですよ。なぜなら、男の子にとって母親が亡くなるということは、非常に気持ちが楽になることでもあるんです。その友人は定年退職してからお母さんが住む家に戻ったのだから、もういい歳だったわけですが、それでも母親と顔を合わせると、途端に身構えていたそうです。それは嫁さんが見ていてわかったと言います。

小島　親子関係は良好だったにもかかわらず、ということですか。

養老　そう。非常に深い関係だったんですよ。

　この友人の例に見るように、子離れ、親離れという日本の課題は、死ぬまで解決しない。

小島　えーっ、死ぬまでダメって、それが結論ですか。

養老　とくに、母親の場合はそうです。

小島　先生とお母様はいかがでしたか。

養老　一九九五年の三月三一日、私は三七年間勤めた東大を退職しました。その十日前に母が九六歳で死んだんです。ほぼ同時に、母が消えて、仕事が消えた。おかげで肩の荷を二つ、降ろすことができたわけで、以来、もうせいせいしています。

小島　ええっ！

養老　私も決して母との関係が悪かったわけではないんです。仲がいいからとか悪いからとかいう問題ではない。腐れ縁というか、アタマのなかに母が入ってしまっているわけで、次に何かしようというときに出てくるんです。つまり、こうしたら母がどう思うかなとかいうことを、どうしても考えてしまう。

男の子にとっては、父親よりも母親が圧倒的に大きな存在です。それがいいも悪いもない。しょうがないじゃないですか。母親とはそこまで大きいものだとわかっていれば、どうやって育てるも何もないですよ。どだい巨大なのであって、存在していること自体が大変なことなんです。

小島　母親としては、自分がそれくらい人の心を占めてしまう存在になってしまったんだということを、まず受け入れなければならないんですね。

養老　そういうことです。

母親はどうやっても子どもを支配してしまう存在

小島　子どもを産んだときに、つくづく母性は原罪だと思いました。産んだ時点で原罪を背負っていて、産まれた子どもを支配してしまう。

私自身は自分の母との折り合いが悪かったんです。ただ、あまりにも母の存在が大き過ぎて、自分が難儀していることに、長い間気づかずにいました。

それが、二人目の子どもを産んだときに、わけもなくあらゆることが不安になり、心が押しつぶされそうになったんです。パニック発作も起きました。不安障害という精神疾患でした。

自分が親になると、無意識のうちに自分と親との関係をもう一回追体験するそうなんですが、私の場合、ついに母に対する抑圧されていた感情が表出し、パニック発作を起こすようになってしまったようです。

養老　女の子の場合、母と娘が似ているから困るんです。それぞれが違う存在であるという客観性が失われてしまうようですね。

小島　そのとおりです。私も母に「母と娘は地続きだ」と言われ続けていたことが、実は苦痛だった。心療内科に通い、投薬とカウンセリングを地道に半年ほど続けたところ、ようやく私のなかに母が出てこなくなりました。

先日の地震の際も、子どもや夫の無事は必死で確認したけれど、あれほど心を占めていた母のことは忘れていて、夫や子どもと連絡がとれてから、そういえば両親はどうしているんだろうと思い出した。そのとき初めて、私は親離れができたような気がしました。

養老　それはごく普通のことですよ。どこかの時点で親から離れるものなんです。その一番確実な時機が「親の死」であるわけです。

企業では子育てが個人の趣味のように扱われている

小島　妊娠したら急に、街なかにいる母子や子どもたちの姿が目に入ってくるようになって、子育てをするうちに、日本では子どもは親の私有財産扱いなんだなということも感じました。

養老　そうなんですよ。

小島　とくに働きながら子どもを持ってみて気づいたのが、育児が「趣味」みたいに扱われているということです。会社を休むとき、「子どもが病気なので休みます」は「ダイビングの免許を取るので休みます」というのと同じ。お前の持ち物の不都合で会社を休むとは、どういうことだよ、という考え方がまかり通っている。お前が好きでセックスしてつくって、好きで子育てしているんだろ、と言わんばかり。

企業の理屈に合わないということなのか、とにかくすべて個人のわがままということになってしまうんです。

養老　この問題も奥が深いですよ。たしかに日本では子どもは母親の一部なんです。それは中絶問題を考えたらわかります。鎌倉の長谷寺の階段を上がっていくと踊り場のようなところがあって、そこは一面、水子地蔵だらけです。そこに外国人を連れていって地蔵の説明をすると、みなショックを受けて十分以上黙りこんでしまいます。キリスト教圏でもイスラム教圏でもあれだけ問題になる人工中絶が、日本では一切問題になっていない。なぜ倫理問題にならないのか。

それは日本人自身も気づいていないと思いますが、要するに、日本では胎児は母親の身体の一部なんです。だから、自分の身体をどうしようが自分の勝手だろうという考えが根底にあるんですよ。しかも胎児だけでなく、生まれた子どもも母親の一部なんですね。だから母子心中はアメリカでは普通の殺人より重い罪になりますが、日本では悲劇として涙を誘います。こういう特殊な日本の社会の構造を指摘したのが歴史家の故・阿部謹也さんでした。

迷惑な重すぎる親から学べる大切なこととは

小島　先生のお母様の養老静江さんは、鎌倉で長く開業医をされていたんですよね。静江さんの自叙伝『紫のつゆ草　ある女医の90年』（かまくら春秋社）を大変おもしろく拝読したのですが、三三歳で亡くなったご主人――養老先生のお父様のことを生涯、恋人のように愛していらっしゃいましたね。愛する人の一粒種である孟司クンに対しては、特別な思い入れがあったのではないですか。

養老　それはあったでしょう。子どもにしてみれば迷惑な話でね。

小島　迷惑だったんですか。

養老　それは迷惑ですよ。親父は親父で、オレは関係ないって。

小島　お母様はとても率直で魅力的な女性ですね。「私こそが山であり川であり海である」というところから発想が始まる。あの時代の女性が自由への道を模索するには、そうでなければならなかったのだろうなと思いました。

養老　とんでもない人だったもん。

小島　先生はどんなときに、お母様がアタマのなかにいてコントロールされていることに気がつかれましたか。

養老　しょっちゅうですよ。傍目《はため》には、当時としては珍しく対等に話す友だちのような親子関係に映っていたようですが、実際に何でも話していたかというとそうではない。むしろ暗黙のコントロールが強かったような気がします。

小島　例えば、どんなときですか。

養老　結婚するとか、仕事を選ぶとか、そういうときは事前に母がどう反応するか、考えてしまうわけです。

小島　なるほど、アタマのなかにお母様がいるのと同じことですね。

そう言えば、私が不安障害になったとき、カウンセラーの先生がおっしゃっていました。男性にも内なるお母さんから及第点を取らなくてはならないという思いが強く、取れなかったときは自責の念が強くなるという人が多いそうです。そう聞いて、人の親になるのは怖いことだとあらためて思いました。
　それで、いったいどうすれば、子どもを導きながらも過剰に影響を与えないという親になれるのか、思い悩んだ時期があったんですが、そんなのムリですね。

養老　親が大きな存在であるということを、親も子もお互いに引き受けなければならないんです。母親の存在は軽ければいいというものではない。重たい母親であればあるほど、子どもは「人の心」というものがわかってくるわけですから、それはそれで大事なことでしょう。母はどう思うかと考えてしまうということは、ある種の思いやりですから、他人を思いやる能力がついてくるんです。

一緒に住んでいても親と子が見ているものはまったく違う

養老　よく「家庭環境が大事」なんて言うでしょう。でも、同じ家で一緒に生活しているのだから、親と子は同じ環境にあるなんて、冗談じゃない。同じ環境なんて、ないんです。だって、親は四六時中子どもの顔を見ているし、子どもは親の顔を見ている。見ているものが違うじゃないですか。

親はだんだん歳とって弱ってくる。子どもはだんだん育って元気になってくる。ね、見ている世界は違うでしょ。その違いに気づかずにいると、一六～一七年目になって、子どもが親に金属バットを振るう事件が起こってしまったりする。

違うものを見ているということに気づかないのは、テレビの影響だと思うんです。なぜかというと、テレビの映像は、一見、公平・客観・中立なものに見えますが、ところがあの画像はカメラマン個人の視点です。テレビが普及して以来、一個のカメラが撮っている画像を全視聴者が見るという、非常に異常な事態が続いているんです。

小島　目を共有してしまうわけですね。

養老　そういうことです。現実の人間は全員違うものを見ていて、絶対に目を共有できないのに、そこを忘れてしまうんですね。テレビは、一人の視線を全員が共有できるような錯覚を生じさせた。

小島　母親というのは、「どうして私がいいというものをあなたはいいと思わないの」「同じものを見ているのだからわかっているはずでしょ」と言いがちなんですが、それが間違いですね。同じ目で同じ世界を見ているなんて、現実にはありえない。

養老　テレビでしかありえない。でも、テレビを見るという行為は、あまりにも当たり前の日常なものですから、テレビでしかありえないということに人々は気がつかない。高じて、親子は同じ家にいるのだから同じ環境にいるんだと勘違いするんだね。

「絵になる子育て」に縛られて自分を追い詰める私たち

小島　本当にそうですね。

もう一つ、テレビが引き起こす間違いとして、「絵になるものに価値がある」という刷りこみがあると思います。子育ても「絵になる子育て」を目指すお母さんがとても多いんです。

テレビに映し出されるのは、ステキに着飾ったきれいなお母さんとかわいい子どもが仲良くご飯を食べていて、叱るときも理性的に叱って、子どもも聞き分けがよろしいという絵。これを子育ての正解だと思ってしまう。

しかし、子どもが「ごめんなさい」とすぐ言うことを聞いてくれるなんていう暮らしはどこにもなくて、お母さんは外ではきれいな恰好《かっこう》をしていても、家に帰ってきた途端に「なんでさっきから同じことを言わせるのっ」と怒鳴り散らし、ネックレスを外しながら洗濯機を回して、向こうで子どもがワーワー騒

いつもステキなお母さんと
聞き分けのいい子どもたち。
これを「正解」だと思っちゃうんだな。

いでいる。子どもなんて、それこそ同じことを一〇〇〇回言っても言うとおりにしないことがある。何回言ったらわかるのよ、もう同じことばっかり言うのイヤよ！……、お母さんはそう言いながら情けなくなって、洗濯機の前で泣いている。

子育ての現場というのは、こんな絵にならない日常のなかにあるものなのに、もっと幸せな絵に見えるようにしなければいけないと必死になってしまう。「幸せな子育て」という正解の絵から自分の子どもがズレているのは、自分がダメだからだと思いこんでしまう。

でも、これってどうなんだろう。本当にそんな絵になる子育てなんてどこかに存在するのだろうか。いや、ないのではないか。ないものに縛られ、苦しめられているなんて、バカみたいだ。……と、私は、思ったんです。

養老　よくわかっているじゃないですか（笑）。

小島　まさに先生のおっしゃるとおり、子どもは自然である。親が思い描く絵のとおりにつくれるはずがないですね。

相手を受け入れながら絶えず目をかけるのが「手入れ」

小島　先生はなにも、自然は野放しにしておけとおっしゃっているわけではない。「手入れ」が必要なんですね。

養老　自然というと、世界遺産の屋久島（鹿児島県）の原生林とか白神山地（青森県・秋田県）なんかイメージするかもしれませんが、そのような手つかずのままほとんど人がかかわらない自然というのはアメリカ式の自然の定義。日本人本来の自然に対する姿勢は、「自然との折り合い」なんです。

それはまず、相手が自分でつくったものではない「自然」であるということを認める。その相手をできるだけ自分の意に沿うようにしようとする。つまり、「手入れ」をする。

田んぼのある里山風景がその典型です。日本人はあの風景をつくるために設計図どおりに手入れをしたわけではなく、ただ、いいコメがなるべくたくさん収穫できるようにと、一〇〇〇年にもわたって必死に手を入れてきた。山でも雑木を伐って薪にしたり、下草を刈って茅葺にしたりして手を入れてきた。

相手は自然ですから、予定どおり、思いどおりにはならない。そこを、努力・辛抱・根性で手入れを続けたら、いつの間にかあの美しい風景になっていたわけです。

人間がやっていたら埒があかないから機械にやらせる、というのが文明社会であり、努力・辛抱・根性を嫌います。しかし、相手にも都合がある。そんなに思いどおりになんかならないのだと、田んぼをやっている人はそれをよくわかっていますよ。

小島　毎年苗を植えても、予定どおりに収穫できないですものね。

養老　そう。じゃあ肥料をたくさんやれば収穫が増えるかというと、まったくそんなことはない。いつイナゴが発生するかわからない。雑草も生える。畔《あぜ》も崩れる。だから、しょっちゅう注意して見ていなければいけない。そして、何かが起こるたびに手を入れてやらなければいけない。

子育ても同じです。親はまず、相手が自然であることを認める。そのまま放置していては野生児になりますから、毎日ガミガミ言ってひたすら手入れし、しょっちゅう見ていなければいけない。「ああすればいい」「こうすればこうなる」が成り立たない。努力・辛抱・根性が要るんです。

地味で単調な繰り返しのなか、子どもは勝手に育っていく

小島　でも、具体的に手入れってどうすればいいんだろう——それをひたすら考えながら、長男、次男と向き合ってきました。二人合わせてもまだ八年しか子どもを育てていないのですが、最近、あっと思ったことがあります。

長男に、よくこう注意していたんです。「人に話しかけるときには、いきなり話しかけるんじゃなくて、相手にいま話しかけていいかどうか観察し、話を聞いてもらえそうなときに話しかけること。せっかく君の話を聞こうと思ってくれている人でも、そこを間違えると聞いてもらえないよ」。これを八年の間

に通算二万回は言って聞かせているんじゃないかというくらい。それでも彼はいつも唐突に話し始めちゃうんです。

　ところが先日、いつものように「ねえ、ママ」と言いかけたと思ったら、「違った、違った。相手の様子を見てからだ」と言葉を引っこめた。おおっ、ついにできるようになったなと、胸が打ち震えました。八年かかったけれど、二万回注意したけれど、でも突然できるようになった。

　そうか、「手入れ」とはこれか。手を入れていけば、子どもはその子どもなりのタイミングで結果を出すんだとわかった瞬間でした。

　英才教育を施して名門幼稚園に入れて、名門幼稚園の次はお受験で名門小学校に入れて、これとこれを習わせて、ＴＯＥＩＣで何点とって……というふうに親が次から次へと目標を設定して、子どもにそれをクリアさせていったら何かが身につくというわけではない。地味な単調な作業の繰り返しのなかで、子どもが勝手に育っていくんだと思い知らされました。

養老　ね、だから自分のためになるんですよ。

小島　自分のためになる?

養老　手入れをやっていると、努力・辛抱・根性がひとりでに親自身の身につく。どれも身につけようと思ってつけられるものではないでしょ。手入れができるということは大人になること、成熟することなんです。

小島　本当にそうですね。

毎日毎日、片づけては散らかし、また片づけては散らかして、いま洗ってたたんでいるパンツは、一二時間後にはまた汚れてここにあるとわかっている。ゴールが見えないんです、子育てって。毎日同じ風景の繰り返しで、同じ場所をぐるぐる回っているような気になる。

でも、たしかに子どもはある日突然、できなかったことができるようになるし、自分も三年前と比べると、ずいぶんと考え方が変わっています。

養老　そうそう。同じことをやっているようだけれど、螺旋《らせん》階段を上がっている。上から見たら同じところを行ったり来たりしているように見えても、横から見れば少しずつ上がっているんです。

悪いことも教えてくれる「無責任な叔父さん」がいるといい

養老　子育てが苦しいという人は、子どもとの距離がなくなってしまっているんですよ。

小島　そうですね。子どものためを思ってと言いながら、実は親が自分の人生において充足しなかった部分を子どもの人生で補完するような子育ての構造がよく見受けられます。

養老　そういう要素は、誰にとってもゼロとは言えないでしょう。そういう親の気持ちは、まあ、しょうがないとしか言いようがない。

小島　先生は「人は一人ひとりみな、身体が違う。世界に一つしかない身体を持っていることが十分に個性である」とおっしゃいますね。

養老　そう。自分らしさ、自分だけの自分なんていうものを探すことに意味はなくて、自分と同じものを他人のなかに見つける、あるいは他人と同じものを自分のなかに見つけることのほうが大事です。

小島　親が自分のなかにいることを知るのも、その作業をすることになるんですか。

養老　そう。ただ、あまりそのフリクション（軋轢《あつれき》）がひどいと、行動の抑制がかかってしまうから困るんですよ。子どもは何もできなくなってしまいますから。

小島　かといって、子どもにそういう苦しみを与えたくないから、ちょうどいい距離をとって子育てするというのも、ムリなことなんですよね。親に大きく影響されるということは、子どもが引き受けなきゃいけないことなんですね。

養老　そうです。昔はそれがどうやって解消されたかというと、「大家族」だと思うんです。家族が大勢いると、無責任な叔父さんというのが必ずいて、適当に悪いことを教えてくれていた（笑）。

小島　「お母さんはああ言っているけどさ」って。

養老　そうそう、それが大事だったんだと思うんです。いまはそういう叔父さんみたいな存在がないんじゃないですかね。

小島　それに代替するような、子どもが逃げこめる場所をつくることに、親は知恵を絞ればいいんでしょうか。

養老　メディアがいま、その役割を担っているのかもしれません、結局。ワルい叔父さん的な視点のルポとかあるでしょ。親と違う、ちょっとワルい視点も必要ではあるんですよ。ただ、メディアは子どもにとってあくまでもバーチャルな、ちょっとワルい叔父さんにすぎませんけれどね。

同じ価値観の集団のなかで過ごさせるのはマイナスですか

小島　そうすると、子どもを教育するときに、なるべく価値観の同じ家庭の子どもたちと一緒に過ごさせたいという、ありがちな親心というものは、子どもにとってはかえってマイナスだということになりますか。

養老　それは、将来をどう見るかによります。

子どもが大人になったとき、世界が安定していて、支配階級が常に支配階級であるような社会なのであれば、そういうやり方のほうがいいかもしれない。しかし、そんな安定があったとしても、長く続くとは思えない。

現実の人間社会では、価値観が同じように見える集団のなかでも、よく見ればいろいろズレている。それに残念ながら、ものすごく価値観の違う人間が引き起こす、サリン事件みたいな事件に遭遇する可能性を否定できないのが現代社会です。

ですから、子どものうちに、この世の中で生きていくと自分とまったく価値観の違う人がいる、変なもの、変なことにぶち当たることがあるということをわかっているのは大事なことですよ。

ただ、それは子どもの大きさによるんです。子ども自体の容量が小さいと、似たような家庭の子どもたちと一緒に過ごすほうがいい場合もある。逆に、広い世界を見せて幅を広げてやらないと安定しない子どももいる。自分のなかに世の中から外れるようなものを抱えている子どももいる。

昔の人はそれを、その人の「器」と言いました。器自体が小さいと、あまり大きなものを載せることができませんね。「器」を見る。これは人を見る目のなかでもとくに大事なことなんです。

小島　もし器が小さいのであれば、それを親が引き受けなければいけないわけですね。

養老　しかも、器が小さいことを悪く思ってはいけない。

小島　その子どもの特徴に過ぎないんですね。

養老　そうです。その子がどういう状況で安定するかということなんですよ。不安定でいられたら、たまったものではない。あっちグラグラ、こっちグラグラでは困るでしょう。

小島　その子どもなりの安定ポイントがあるのだから、親はそれを見極めないといけませんね。

能力主義を取り入れると「人を見る目」が衰える

養老　河村瑞賢《かわむらずいけん》という元禄時代の大実業家がいます。貧農の出身で、人夫からスタートし、後に江戸や全国の土木・治水を指揮して最後は旗本になっています。この瑞賢の家が、まだ一〇代のころの新井白石を、養子に来ないかと誘っているんです。当時の人は白石の資質を早くから見抜けたわけですね。

おそらく江戸時代は社会が人材を必要とし、みんながそれを探していた時代だったのでしょう。だから人を見る目が鍛えられていた。身分は関係ないし、どんな実績があるのかも関係ない。要するに「器」を見ていたんですね。いまの時代、そういう話はとんと聞かないでしょ。

つくづく思うのだけれど、現代社会は「人の器を見る目」を養うことに、手抜きばかりしてきたんですよ。入試がその典型です。入学させた学生が、入学後にオウム真理教で活動しようが、オレオレ詐欺を働こうが、「成績がよかったから入学させたんだ。しかたないだろう」と、責任逃れができる。採る側に一切、負担がない。

能力主義、成果主義というのもまさにそれです。効率ばかり優先して、ある局面でだけ優れた能力を発揮する人材を採ろうというような発想は排除されてきました。例えば、東京電力は今回のような非常事態において役立つ人、極端に言えば、ふだんは役立たなくてもいざというときに働ける人、そういう社員を抱えて給料を払っておこうなんて、考えてもいなかったでしょう。

成績だけを見て判断し、イマジネーションを働かせて多様な人材を活用するということをしない。社会全体がこういうシステムになってしまったから、人を見る目が衰えてしまうんです。

小島　そういえば、先生はいまだに「東京大学卒」と紹介されることに、四〇年以上も前のことなんかいい加減忘れてくれよと、よく嘆いていらっしゃいますね。日本においては大学が一つの共同体であり、一生そこから出られない。おそらく、相手がどの共同体に属しているのかがわからないと、不安な人が多いのだと思います。
私にもそういうところがなかったとは言えませんが、仕事をする上で、相手の方がどこの大学の出身か知らなくても、何も不自由しないことに気がつきました。なのでそれ以来、出身大学を訊ねるのをやめちゃいました。それによって、私に人を見る目ができたかどうかはわかりませんが、なにか自由になれた気がします。

養老　そうでしょ。
でも私も人を見る目があるというわけではなく、よく失敗するんですよ。女房にも「あなたは本当に人を見る目がない」と言われる。そうすると私はまじまじと女房の顔を見て、「ボクは本当に選ぶ目がないよね」と答える（笑）。

小島　まあ、あんなに素敵な奥様に、なんてことを（笑）。
私は妊娠中、地球上のどこに行っても会えない人間、しかも「男」が自分の胎内に入っていることが奇妙でならなかったんです。九カ月以上も同居しているのに、顔もわからない。私が背骨をつくってやろうとか、今日は大脳新皮質をつくろうとか思わないのに、健診に行くたびにどんどん育っている。私は体を貸しているだけで、借りているヤツはいったい誰なんだ。もしかしてエイリアンかって思いました（笑）。

産まれた後も、同じ気持ちでいたほうがいいのでしょうか。つまり、あなたは誰なんだ、と思って子どもを見ることが、子どもの器を見極めることにつながっていくのでしょうか。

養老　そんなこと何も考えないで、子どもは私の地続きだと思っているほうが、それはそれで素直なのかもしれないけどね。

小島　さきほど話したように、私は母から「私とあなたは地続きだ」と言われたことが苦痛だったので、子どもを私の地続きにしてはいけないと思い続けているんです。でも、そこまで地続きになることを警戒しているということは、実は子どもとは地続きだという思いが私にあるということなんでしょうね。

「生と死」「父と母」、すべて「反対」でなく「補完」の関係

養老　「地続きだ」という気持ちと「地続きにしない」という気持ちは矛盾しません。人間は両方の気持ちがあって当然です。たいていのことはそうですよ。「ない」「ある」のように、反対だと思っていることは、実は互いに補い合う「補完」なんです。

「酒ビンの酒がもう半分なくなっている」と言うか、「まだ半分残っている」と言うか、それは見ているところが違うだけです。「もう半分なくなってい る」というのは空間に注目しているのであって、「まだ半分残っている」というのは酒に注目している。空間と酒の両方を合わせて一つの酒ビンでしょ。

生死もそうです。生きてなかったら死なない。死んだということは生きていたということ。生だけがあるわけでも、死だけがあるわけでもない。生と死で互いに補完しているんです。男と女もそう。合わせて人間でしょ。

小島　親と子も補完なんですね。補完するということは、影響も与えざるをえない。

養老　そのとおり。父親と母親もそうですね。子どもには父親と母親が混ざっています。

母親は子どものなかにある母親側の感情は、非常によく理解するんです。自分の側ですからね。でも、父親側の感情については理解できない。子どもはそれを経験的にわかっていますね。

小島　理解されないだろうなと、子どもが諦めているということですか。

養老　そうです。私は四歳で父と死別しているので、自分の感情の半分は母に理解されないということがわかっていました。だから感情を素直に出せずに溜めこんでいたんです。

でも、それは悪いということではなく、いい場合もあるんです。人の見方にしても、この人はこう見えているけれど、ひょっとしたらこういうことを考えているかもしれないしと、想像力が働くようになるんですよ。

悩むより、やって間違えてやり直すほうが生産的

小島　親子の葛藤とか、親による子の支配とか、子どもの抱える抑圧とか、「ある」か「ない」かだけで考えて、「あってはならないものだ」と思うから、こんなに神経質になっちゃうんですね。

養老　そうそう、あって当たり前なんですよ。それを乗り越えていくのが「育つ」ということです。そのハードルが高い人もいるだろうし低い人もいるだろうけれど、どちらにしても乗り越えなくてはなりません。

小島　そこはもう、親の側からどうしてやるということではなくて、子どもの側の問題だということですね。

養老　最終的にはそうです。そこから子どもが何を得ていくかが問題で、たんにそれを「マイナス」だと考えたらつまらない。親との確執からでも、何か得るものがあるという「プラス」の面を見たほうがいいですね。

小島　親が子どものためにいいだろうと思う環境を与えてやっても、思うようにはいかないことがある。それでも、子どもは子どもなりに失敗しながら学ぶのだから、得るものはあるんですね。失敗を怖がっていたら、親はAとBのどちらが正解なのか、絶対間違えてはいけないのだと、自分を追いこんでしまうことになる。

養老　そうやって悩むのは最も生産的でないことです。やっちゃったほうが早いんだから。議論ばかりしているのも生産的でない。

やっちゃったほうが早いんです。やっちゃって間違えたら、やり直せばいい。

小島　子育てに限ってはやり直しがきかない、失敗が許されないという思いこみがとても強いので……。

養老　いやいや、子育てに限らず、人生すべてそうなんですけどね。でも、失敗が許されなかったら大変じゃないですか。

生きることはリスクをとって選択することの繰り返し

小島　そうですね。受験だって結婚だって何だって、リスクはないわけがない。子どもに予防接種する際も、副作用より接種しなかった場合の罹患率を考えて接種するほうを選んでいる、つまりリスクをとっているわけですね。生きることそのものが、リスクをとって選択することの繰り返しなんですね。

みんなそうやってリスクをとりながら人生を歩んでいるのに、どうして電力会社の一員になった途端に、「原発にリスクはない」なんて言ってしまうのか。

養老　どうなんだろう。原発については、ほとんどの人はリスクがあることはわかっていたのではないですかね。わかっていたのに、「リスクはなかったはずだ。だまされた」なんて言っているように思います。

私が虫を捕りに出かけるときに利用するラオス航空なんてすごいですよ。旧ソ連の飛行機で中国がライセンス生産したものを、まとめて購入して運航しているのですが、いま残っているのはたったの二機。ほかの機は落ちたか故障したか。不良品はもうみんな壊れちゃったので、残りの二機は大丈夫だっていうんだから。

小島　どれだけ落ちているんだか。

養老　虫を捕って遊んでいるだけだと思うかもしれないけど、私もちゃんとリスクかけてやっているんですよ（笑）。行った先にはマラリアはあるし、寄生虫はいるし。

小島　毒蛇にかまれるかもしれないし。

養老　そうそう、それは普通にあることです。

実際、私が通ったところに大きな毒蛇がいたことがあったけれど、こっちは虫しか探していないから、どんなに大きな蛇もとっさには目に入らなかった。毒蛇のほうでも、相手が自分に関心がないということがわかったんでしょうね。

小島　こいつはオレにはかかわらないつもりだなと。

養老　そう。なんだか、かかわりない大型動物が通過したとしか思っていない。

だから意外にかまれないんですよ。

逆にこっちが恐怖心を持って、あっちに行けなんて思っていると、襲われる。自分の住んでいるところにいきなり別の動物が入ってきて、あっちに行けと言ったら、それは誰でも、蛇でも怒るに決まっているでしょう。

人生は常に大なり小なり命がけですよ。生きていればアクシデントがある。最近の、危険はあるのにないことにしようとする思考や、子どもを一切危険な目に遭わせたくないという安全志向は、ちょっとおかしなことになっているなと思っています。

正確な情報を求める声の背後にある、楽になりたい心理

小島　いま、放射能という目に見えないものに、お母さんたちは本当に怖い思いをしているんです。福島の子どもたちのことはとても心配ですが、原発から遠く離れた東京でも、特別に怖い、特別にリスクの高いものがやってきてし

まったという気持ちになっている。実家に疎開していた人もいますし、私の息子の小学校でも、しばらくは子どもに水筒を持たせたいという親がいました。私も放射能は不慣れなものだから怖いんですけど、考えてみれば、ふだんからそれと同等か、もしかしたらそれ以上のリスクにさらされながら子どもを育てているんですね。

例えば、普通にスーパーに売っているものだからといって食料品を購入する。では何を根拠に安全を信じていたのか。原発事故が起こって、安全と信じていたものに裏切られたと言うけれど、それまでだって、自分の身の回りで、自分が確実に裏をとってリスクがない、あるいはリスクがこの程度であると確認できることなんて、ほとんどないんですよね。

養老　私が子どものころなんか、アメリカもソ連もバンバン核実験をやっていましたから、絶対に放射能の雨が降っていたはずなんですよ。だから雨に濡れたらハゲるとか言われて、帽子をかぶった。

小島　怖いけど、なんだかのどかなところもありますね。そのころと、このピリピリした現在との違いは何なんでしょう。

養老　いまは安全性について、非常にやかましいですからね。

小島　多くの人が、リスクは完全に避けられると思っているということでしょうか。

情報を出す側は確実で正確な情報を出すべきである、という要求は当然です。ただ、その正確な情報が、常に自分の望む「正解」であってほしいという要求もあるんですね。それによって自分の生活からあらゆるリスクは取り除かれるべきであると。

そこには、「正解」を他人に決めてもらって楽になりたいという気持ちがあるように思うんです。正確な情報のなかから何を「正解」とするかは自分が決めるしかないのに、自分ではリスクを引き受けない。

自分で確証のとれることなんてほとんどないから、どうしたってリスクをとりながら情報を選択するよりほかないはずなのに、情報を出す側が責任を持ってほしい、「正解」を出してほしい、リスクをゼロにしてほしい、という要求が強くなっていると感じます。

物事を細かく知ろうとしたら全体像はぼやけてくる

養老　きちんとした情報ということは、より細部にわたった情報ということですよね。しかし、ものを細かく説明するということは、ほかのことがぼやけるということなんです。

例えば、部屋の天井を自分の目で見れば全体が見えますね。これを倍率一〇〇の顕微鏡で見たら、一カ所はものすごく詳しく見ることができるけれど、天井自体の大きさが一〇〇倍になっちゃうわけですから、全部を見るのに時間がどれだけかかるかわからない。

詳しい情報を求めると、逆に世界がぼやけるんです。

私は解剖学が専門ですが、電子顕微鏡が普及したからといって、人間の身体を一〇万倍のレンズで見たところでどうするんだと思うんです。そんなでかいものをどうやって調べるんだ。足が地球にあって頭は月にあるというくらいの計算ですよ。ちょっとおおげさですが。

一カ所にピントを合わせるとほかの部分のピントがぼやける。だから、ほかの部分を詳しく調べるのは、別の人にやってもらう。科学者同士ならそれで話が済むんです。お互いに仕事を増やせますから。

小島　今回の放射能漏れもそうですね。自治体や、住民の自主的な努力によって、観測地点はずいぶん増えました。それは心強いのですが、全体を見て迅速に決定しなくてはならない対策もありますよね。

養老　そんなことをしていると、問題を片づけるよりも問題を考えている時間のほうが長いということになってしまう。それが最も生産的でない。

小島　どこかで素直に「人間が生きている」というところに戻って来なければいけないんですね。今日生きている人がどうやったら明日を安心して生きられるかという切実な問いに。

養老　そう、どうやって生きるか、それが根本的な問題なんだから。

小島　放射能のような健康に対するリスクとは別に「能力によって回避できるリスク」というのも親は想定します。

例えばグローバルな時代を生き延びるために、子どもに英語力をつけさせようとする。詳しく調べ上げて細かく計画を立てれば、子どもは英語がペラペラになると思いこんでしまう。

でも子どもは、生きている。生きているから毎日変化する。子どもというのは予想のつかないことをするし、変化もするんだというところを忘れてしまう。実際はそんなにうまくいくはずがなくて、子どもがその計画から離れちゃうだけでなく、親からも離れていってしまうということがありますよね。

養老　親が一生懸命考えて計画を立てたところで、五十歩百歩ではないかと思うんですよ。

いまは暇だからそんなことを考えられるのであって、私の親たちは子どもを食べさせるだけで精一杯だった。そうすると子どももそれで育ちますよ。親が一生懸命に働いているんだから文句も言わないし、そばにいなくてせいせいするぐらいに思っている。いまの子どもたちを見ているとかわいそうだもん、元気な親に四六時中見張られているから。

第二章

それでもお受験、させますか

「こんなに頑張っている私を誰も褒めてくれない！」

小島　私は早期英才教育、お受験対策というものに対して違和感が強いんです。自分も中学受験を経験していながら、親になってみたら疑問がわいてきて。先日、本屋さんで小学校四年生と思われる男の子が、時事問題から基礎教科まで、持ちきれないほどの問題集を買っているのを見かけたんです。こんな小さな子は、まだ鼻たらしてジャングルジムから落ちたりしているぐらいでちょうどいいだろうに、これをやるのか、そんなことは中学、高校になってからやればそれで十分なのに、と思いながら見ていました。

そうやって早くから英才教育を施していい学校に入れるべく、子どもに集中してエネルギーを費やしている親からは、それが間違っているかのように言われるのは不当だ、理不尽だ、なんていう声も耳にします。

養老　ま、世の中というのは理不尽なものですからね（笑）。

小島　親のほうでは教育熱心な自分を褒めてもらいたいと思っているのに、非難されるのは心外なようです。

養老　褒められなくて当たり前だ。お前が勝手に産んだんだろう、産んだ以上、責任とれ、で終わりです（笑）。

小島　私の世代のお母さんたちには、自分はおしゃれにも手を抜かず、子どもの教育にも夫にもベストを尽くしているのに、子どもの成績は思ったほど伸びないし、夫も姑も褒めてくれない。「どうして誰もわかってくれないの！」という不満が渦巻いているんです。これはたんなるわがままなんでしょうか。

養老　いや、見当が外れているだけですよ。見当外れの努力をする人はいっぱいいますよ。

私だってそうです。わざわざラオスまで行って、小島さんに言わせれば「やたら地味な虫」を捕まえて、虫の足を伸ばして、きれいに標本をつくって、何やってるんだか。

小島　ご自分でもそういうお気持ちはあるんですか（笑）。

養老　ありますよ。でも、他人の害にはならんね、あんまり。
小島　まあ、災難なのは虫だけですね（笑）。

子どもはよくわかっているし、よく考えている

養老　見当外れの努力が人に向いてしまうと、厄介なことになるんです。
小島　子どもに向いてしまうと、ということですね。
養老　そうそう。だから子どもは迷惑していますよ。だって私みたいに、大人にうるさく言われると、いちいち逆のことをするような子どもだったらどうするんですか。
子どもの行く末をきっちり決めたがる人は、己の人生を揺さぶられた経験がないんでしょう。
私たちは戦争があって、「本土決戦一億玉砕」のはずだったのが、次の日から「平和憲法、マッカーサー万歳」になっちゃいましたから、価値観は易々と

ひっくり返されることがあるんだと、身にしみて知っています。

小島　よく早期教育に熱心なお母さんは、「子どもは何も判断できませんから、親がきちんと判断していい環境を与えてやらないと。子どものときの選択が、その後の人生を左右しかねないので、私は責任を持ってそれをやっています」という言い方をします。でも私、秀才児でもなんでもなかったけれど、五歳ぐらいからけっこう判断していましたよ。

養老　いや、子どもはよくわかっていますよ。表現できないだけなんですよ。

小島　子どもは考えていないわけではない。うまく言えないだけ。親はそのことも知っておかないといけないですね。

養老　そうなんです。子どもは何も考えていないんだろうと、大人は勝手に判断してしまうんです。

子どもは「自然」そのもの。
「こう育てればこうなる」なんて
思うのは大間違いだね。

上のほうの層だけ伸ばせばいいという発想は危ない

小島　先生は保育園の理事長をやっていらっしゃいますから、それを間近にご覧になっているわけですね。

養老　ある日、保育園で子どもたちと一緒に食事をしていたら、私の隣の席の男の子が、向かいの席の女の子の悪口を言いっぱなしなんです。女の子のほうは何を言われてもシラーッとしている。いつまでたっても男の子がやめないので、いいかげん注意しようかなと思った瞬間、気がついた。なんと女の子は机の下でずっと男の子の足を蹴っ飛ばしているんだよ。

小島　あははは。

養老　こりゃ悪口も止まんないわと思って（笑）。

保母さんによれば、男の子のほうは両親が家庭内離婚状態。女の子のほうはお父さんがいなくなっちゃって、なんか新しいお父さんがいるのだけど、ときどき元のお父さんがやってきてややこしいことになっている。
そういうとき、子どもはやはり落ち着かないですよね。自分の家で何が起きているのか、わかっているわけです。でもそれをうまく言葉にできないし、自分では処理しきれない。それは蹴っ飛ばしもしますよ。
英才教育なんて贅沢な話ですよ。この自分で処理しきれない問題を抱えた幼い子どもこそ、ちゃんと手入れしていかなくてはならない。そっちのほうがよほど大切でしょう。

小島　本当にそうですね。

養老　東大の医学部で教えていて、よくできる学生には何も教えた覚えがないですからね。私が教育した相手は常に、箸《はし》にも棒にもかからない学生でした。そういう学生をなんとか一人前にする。それが教育だと思っています。
教育というものは、教育された人自身のためになるということだけでなく、社会全体のためでもあるんです。そういう箸にも棒にもかからないやつが足を引っ張るわけで、優秀なやつだって、いつそういうやつに引っ張られるかわからない。

小島　エリート教育を受けてきた人は、それこそ小さな合理性で、自分たちは自分たちのソサエティのなかで生き残って出世していけば、それでもう世の中は自分のものだみたいに思っているけど、自分の人生は、自分が見えないことにしてきた人たちとつながっている、ということですね。

養老　原発がいい例でしょう。

例えば廃炉にするにしても、エリートは自分の手足が汚れる仕事はしないから、現場に行かない。そのとき、後処理を任されたのが、原子力の「げ」の字もわからない人たちで、何かちょっと間違えたら、原子力をよくわかっているエリートたちも全部吹き飛ばされちゃうことになるわけだから。

上のほうの層だけ伸ばしていけばいいだろうというのは、危ないんです。竿の先を伸ばすだけでは、いつ倒れるかわからない。世の中はピラミッドだから、底辺をきちんとつくっておかなければいけません。

全員を「世間並」まで引き上げないと社会は回らない

小島　親が自分の子どもを育てるときも、うちの子どもだけをどうしようかというのではなく、自分はどういう世の中に生きたいのか、世の中の何が自分たちが生きる上でのリスクになるのかをよく考えて、子どもにもその価値観をもって接するということですね。

養老　そうです。最近は、英才教育みたいなものだけにすごく熱心で、底辺の子どもたちの問題を、目に見えないものとして放置してきた。だからそこを見ないといけない。

日本の義務教育が非常によくできていたのは、実はそこなんです。読み書きそろばんだけでいいから、なんとか世間並というレベルまで全員をもっていこうとした。全体を世間並、つまり「普通」「平均」まで上げてやれば、社会全体が非常に効率よく動くんです。

アメリカが「落ちこぼれは落ちこぼれでいいんだ」でやってこれたのは、国にあれだけの余裕があったからできたことで、これから先はそうはいかないでしょう。アメリカ社会にも、もう余裕はありませんから。

小島　ニューヨークで暮らしていた日本人のお母さんが、街なかでゴミを拾っている黒人のおじさんを見て、自分の子どもに「勉強しないとああなっちゃうのよ」と言って聞かせたというんです。

でもその人がゴミを拾わないと、街はゴミだらけになってしまうわけだし、本当にその人が勉強しなかったのかどうかもわからない。それでも子どもにそう言うべきなのか。なぜ彼女は子どもに「勉強しなかったらゴミを拾うのだ」と考えるように仕向けたのだろうか。それは私にとっては衝撃でした。

養老　お母さんというのはしばしば、子どもにそういう不用意な発言をするものなんです。私の知り合いが防衛庁にいて、大変な秀才なんですが、防衛大時代に制服姿で京浜急行に乗っていたら、子ども連れのお母さんが、「勉強しないとああいうふうになっちゃうよ」と言ったそうですよ（笑）。

バイリンガル教育は脳への負担が大きすぎる

小島　中国や韓国、シンガポールの英語力が高いのに比べて、日本の英語教育が非常に遅れている。これではアジアのなかでの競争にも勝てないので、英語教育を強化しなくてはならないのだと言われています。いわば生き残るための英語ですね。

私は、子どもたちが例えば「建物を建てる仕事がしたい」と思ったとき、先生を国内だけで探すよりも世界中で探したほうが好きな先生に出会える確率が上がるので、そのために英語を勉強をしてほしいと思っているんです。

養老　私は小学校のとき、英語を習いましたよ。公立の小学校ですよ。中学では英語のスピーチのクラブをやっていました。

小島　それで身についたんですか。

養老　身につくわけないでしょ（笑）。あんなに時間をかけるんだったら、タイ語かラオス語をやっておけばよかった。

小島　………それって虫捕りのためだけにってことですね（笑）。

子どもが必要に迫られて、あるいは自分の関心のあることにおいて必要だと思えば、そのときは本人がやるだろうということですね。

養老　そうですよ。

それに日本語はかなり特殊な言語です。脳の使い方は言語によって違いますから、日本語と英語のように極端に性質の違う言語を子どものうちから両方使うことができるかどうか、これはかなり疑問です。

ヨーロッパ内は国が違っても似たような成り立ちの言語ですから、お互いの言語を話しても脳の使い方は変わらないんです。共通語と方言が話せるというようなものです。

小島　バイリンガルというのは、人間の脳にとって負荷が高いということですか。

養老　そういうことです。負荷オーバーになって壊れかねない。

小島　よくわかります。私はラジオでしゃべることを職業にしていますが、言語には、音声化している言語だけでなく、音声化していない、自分のアタマのなかで考えている言語がありますよね。しかも音声化していない言語のほうがはるかに多い。

音声化していない言語の形を整え、相手と調和するようにした上で発語するのが音声化された言語であって、ベースになるのは音声化していない言語のほうですね。

前に、『英国王のスピーチ』という映画を見たんです。イギリスのジョージ六世が吃音《きつおん》を克服していく物語なのですが、彼は幼いころに強権的な父親と乳母の虐待が原因で、音声化していない部分に抑圧された怒りを抱えていた。だから言葉を表出させることができなかったんです。自分もそうなんですが、いかに人間が、自分でも言語と認識していない部分で言語的な発想をしているか、言語外の部分がその人の言語を形づくっているのかということに、あの映画を見て気がつきました。

養老　そうですよ。そこを考えもせずに平気で子どもをバイリンガルにしたいなんて思っているのは、能天気としか言いようがない。

本当に世界に役立つことなら向こうが勝手に翻訳する

小島　小さいうちから、ネイティブみたいに、英語で発想をさせようとするより、日本語できちんと考えられるようになっておいたほうがいいですね。

養老　私の同級生にもアメリカに行ったきり帰ってこないやつが何人もいますけれど、そうしたいんだったら、それは結局バイリンガルではないでしょう。アメリカ人になっているわけだから。それはあまり意味がない。アメリカ人なら日本人よりたくさんいますから（笑）。

小島　自分の子どもをアメリカ人にしたいと思うんだったら別だけど（笑）。

養老　うん。それならそれで別に止めやしませんけど。

何か本当に世界に役立つようなことをしたら、日本語だろうが何だろうが、向こうが勝手に翻訳してくれますよ。そこに至る前に、一生懸命英語で紹介する必要なんかないです。

小島　言語が違っても、価値のあるものには、向こうからやってくるわけですよね。例えば日本には世界シェア七割なんていう町工場がたくさんある。それこそが真のインターナショナルですね。

養老　だからインターナショナルだのグローバルだのと言われても、私には実感が伴わない。

小島　日本では外国人に仲間に入れてもらえているというのがインターナショナル、グローバルだと思われている。

養老　あいつら、仲間なんかじゃないのにね。私が普通に親しくできるのはC・W・ニコルさんみたいな人ですよ。自分でウェールズ系日本人だと言って威張っていますけど、完全に日本人ですよね。彼はほかの外国人のことはフライ人呼ばわりしています。

小島　フライ人？

養老　震災の後、飛行機に乗って母国に逃げちゃった人。

小島　ああ、なるほど（笑）。

早期教育はしょせん抜け駆けの不毛な競争

養老　一生懸命英語を習わせたり、受験教育を受けさせたりして、なんとか子どもを東大に入れたとする。しかし、私が東大で学生を相手にしていたとき、東大合格者の数をやたらと伸ばしている新興の進学校から入学した学生というのは、要注意だったんです。五月病になるのはそういう学生でした。

高校としては合格率を上げたいので、徹底的に受験勉強させて無理やり押しこんでくる。それをやられてしまうと、合格させた大学も入った学生も困るんです。学生がすぐ授業についていけなくなってしまう。

そもそも入試って、全員が同じように怠けたら結果は同じなんですよ。自分が勉強したら他人を出し抜けるかもという欲があるから、誰かが受験勉強する。

そうすると誰もが同じことをするから、横並び一線で全体が上がって、結果は同じ。いつまでたってもこの繰り返しです。

早期教育なんていう、いわば抜け駆けをしてみたところで、長い目で見れば結果は同じ。何の得にもならない。親がみんなそう理解すれば、受験なんかちっとも大変でなくなるんですけどね。

小島　先生、その「抜け駆け」という表現は、言い得て妙ですね。

養老　東大の入試では、同級生の受験票を二枚預かって、それを川に捨てた受験生がいましたよ。

小島　ライバルを二人だけでも減らそうとしたんですか。

養老　そんな事件、よく起こるんですよ。その受験生が悪いというよりも、子どもをそういう状況に追いこんでしまうことが問題なんです。

入試は実は、客観的根拠のない不公平なシステム

養老　試験が公平だというのも錯覚です。ある年の東大の場合、総合点五一三点は合格で、五一二点は不合格だった。その合否ラインがどこで決まっているかと言ったら、文科省の定員です（笑）。

五一三点と五一二点で、いったいどこが違うと思いますか。答案を公表したら大変な騒ぎですよ。差はないじゃないか、なんでうちの子は落ちて、あの子は入ったのかと、親が大挙して押しかけてくるに決まってます。こんな制度を日本の社会は公平きわまりないと思いこんでいる。

小島　実際、なぜうちの子は落ちたんだと食ってかかってくる親がいるそうですね。いまどきの言葉でいうとモンスターペアレント。

養老　むしろ、食ってかかって当然なんです。なぜうちの子が落ちて、あの子は入ったのか。そこに客観的な根拠なんかないんですから。そんなシステムを

金科玉条のごとく守っていることがおかしいんです。

小島　そうか、どうもおかしいぞと感じ取りながら、自分だけ降りることはできない。おかしいけれど、それが成功の道なんだから受験を勝ち抜かなければと思う。そうしたら、どんどん余裕がなくなっていくだけですね。

養老　そう、それがいけない。その点、昔の大人は常識がありましたよ。

小島　お前が勉強してどうするんだと。

養老　そうそう。私は高校三年生のときに道でバッタリ会った母の知り合いのバアさんに、「卒業したら、どうすんの」と聞かれ、「大学に行くつもりです」と答えた。そうしたらしみじみと、「大学に行くのはいいけど、大学に行くとバカになるよ」だって（笑）。

いま、そんなこと言ってくれるバアさん、います？

小島　あははは。

仕事とおカネの出所が直結している人は信用できる

養老　そのバアさんにしてみれば、大学を出ると、田んぼもできなければ、大工仕事もろくにできない。使い道ないのに、威張ってばっかりいるバカになってしまう（笑）。

大学に行けば知識はつくだろうけれど、それが行動に反映されなければ意味がないんだと言いたかったんですね。

小島　教育熱心な親の立場からすると、合理的判断や論理的思考ができるようになるには知識が必要なんだということだと思うのですが、そうではないんですね。

養老　よく経済学者が言うことですが、部分合理性と全体合理性は合わないものなんです。その局面局面で最も合理的な方法を採用していくと、全体としては非常に都合の悪いことが起こってしまう。

小島　会社はそうですよね。良きサラリーマンが、必ずしも社会に貢献するとは限りません。

養老　まさしくそれです。サラリーマンは、会社の存亡にかかわることになったら、自分の仕事のほうを曲げますからね。ウソをついたり、ねつ造したり、隠ぺいしたりするでしょう。

　だから給料の出所を見ないと、その人の忠実さはわからない。私が職人さんや一次産業の人を信用するのは、仕事とおカネの出所が直結しているからです。

小島　自分がつくったものを使う人から、おカネをもらうわけですものね。

養老　そこにウソが入る余裕がないでしょう。地方の中小企業の経営者も直《ちょく》ですね。だから信用できる。

　ところが会社というバッファーが入ると、そこが直結しなくなる。それで、いい仕事をするやつより、要領のいいやつが出世することになるんですよ。

一流企業志向の生き方は結局得にならない

小島　子どもの教育とのかかわりで言ったら、親が「仕事」というものをどう捉えているかが大事になりますね。有名企業の一員となることが仕事なのか、おカネを稼ぐことが仕事なのか、世の中の役に立つことが仕事なのか。

養老　そうなんです。東大生は基本的に一流企業志向なんです。だから最初の講義では必ず、「オレの講義なんか聞いたら出世の妨げだよ」と言っていました（笑）。

もちろん、一流企業をぶち壊せと言いたいわけではない。それはそれでいいんです。ただ見ていて、そっちの生き方を選んだ学生は、結局は得になっていないのではないかな。しばしば、かなりの歳になってからエラい目に遭っていることが多い。

小島　謝罪会見だの引責辞任だの……。

養老　偉い人が頭を下げているのを見ると、若いときから相当間違えて歩いてここまで来てしまって、頭を下げなければならなくなったのだろうな、とつくづく思いますね。

教育の根本、人を育てる目的は何か、何を目指しているのか。そこさえ決まっていれば、本当は、話はものすごく簡単なんです。

小島　親にはその根本が見えなくて、どうしても子どもの人生に目的を設定してあげなきゃとか考えてしまうんですよね。

養老　冗談じゃない。そんなことできるわけがないんです。子どもとはいえ、それは自分ではない。他人のことですから。

小島　そうですね。

私が社会に出る直前、アナウンサーになることが決まっていたとき、阪神淡路大震災と地下鉄サリン事件が起きました（一九九五年）。なので、私の仕事が何か小さなことでも世の中を変える一助になりますように、という思いを胸にして働き始めました。

東日本大震災を経験したいま、社会に出たばかりの、あるいはこれから社会に出ていこうという若い人たちは、彼らの親の世代よりも切実に、「社会の役に立つ仕事って何だろう、働くって何だろう」と考えると思うんです。

養老　考えるチャンスはいつだってあるんですよ。

一次産業の人はそうでしょ。地方に行くと、日本も捨てたもんじゃないといつも思うんです。地方には自分の仕事を自分の責任の範囲できっちりやっている人が大勢います。さっきのバアさんではないけれど、そういう地に足のついた人の意見を聞いていれば、だいたい間違いない。

だから教育問題で都会のお母さんたちが悩むのであれば、そういう人の話を聞いたらいいのではないですか。私みたいな乱暴なことも言わないし（笑）。

スポーツではなく「体育」をやれ

小島　一次産業や地方で働く人は、働くということがどういうことなのか、自分が生きていられるということはどういうことなのか、肌身でわかっているんですね。

養老　そのとおりです。しかも絶えず体を使いながら考えている。いまの世の中では、どうしてもその部分が抜け落ちやすい。

パソコンを使って、数字の上で計算して、上手に結果をシミュレーションする能力ばかり要求されるでしょう。だから学生が体の訓練をしていないんですよ。大学の必修カリキュラムからも体育が消えてしまいましたからね。

小島　体育とスポーツは違うんですか。

養老　まったく違います。体育とは自分の体をどう上手に扱うかということですから、運動能力があろうがなかろうが関係ありません。体育ではいわゆる「コツ」を覚えるんです。それは小さいときからやっていないと、なかなか身につかない。

若原弘之君というラオス在住の虫捕りの達人がいるんですが、彼は山道を登るのも下るのもまったく同じスピードです。高い崖の上のランでも、ちょっとした足がかりを見つけてポン、ポン、ポンと登り、ランを抜くとまたポン、ポン、ポンと下りてくる。六〇メートルの木のてっぺんでチョウの卵を探して、なかったら隣の木に跳ぶんですよ。

小島　うわあ、忍者みたい。

養老　いまの人はそれを特殊な能力だと思いこんでいるけれど、人間は鍛えればそこまでできるんです。

小島　私は子どもを産んでようやく、自分が肉体だということに気がつきました（笑）。

養老　女の人は幸せなのは、それがあるからですよ。男はそこを体験できないから、抽象的に、バカになるんです。

小島　子どもを産めないんだったら体を動かせということですね。

養老　そのとおり。だから男の子には体育をやらせなければいけない。

虫捕りも立派な体育ですよ。山のなかを動き回るし、木にも登らないといけないし、穴も掘るし。そうすると生き物として基本的な体の動きをひとりでに覚えていく。

でも都会の高層マンションに暮らしていたら、ふだんの生活のなかでほとんど身体を動かさないでしょ。そのあたり、親がちゃんと体育を心得ていれば、子どももいつの間にか身につけるものなんですけど。親の立ち居振る舞いが、そのまま子どもに移っていく。

教育論というのは、みんな子どもの話だと思っているけれど、結局つまるところ、親自身の話なんですよ。論じているのだって親だし。

子どもに性の仕組みを教えるのはよくないですか

小島　体のことに関してですが、現代人は男性が女性の体を知らない、女性が男性の体を知らないどころか、自分の体のことも知らないのだと思うんです。だから女性が、子どもが欲しくなったときには、もう生殖年齢的に手遅れだったということが起こる。

もっと体を知るための教育に力を入れてもいいんじゃないでしょうか。

養老　体のことは知識ではないんですよ。まさに「体験」なんです。例えば解剖の上手、下手って、自分の体の使い方次第なんですよ。東大の医学部に入ってくるような学生でも、解剖をやらせたら下手なのがいましたね。メスの持ち方一つ、ままならない。そいつがそれまでいかに身体を使ってこなかったかがわかるんです。

小島　小刀で鉛筆が削れるとか、重いものが持てるとか、そういう基本的な身体の使い方ですね。そういうことは子どものうちに教えなければならない。

養老　そうです。大学で教えることではない。

小島　あと、体の仕組みや生理についても、子どものうちにきちんと教えるべきですか。

女の子だったら、あなたは卵の粒々を持っていて、それが毎月コロッと転がり落ちてきて、成熟して、パチンと弾き出されたところに精子が来たら妊娠するんだよ、ということは、早いうちから知っておいたほうがいいと思うんです。

こういうことを言うと、「子どもが性に目覚めてしまう」「寝た子を起こすな」と抵抗する人が多いんですが、私はセックスは生殖行為であり、性は性であり、いやらしいことだとか、子どもに教えるべきではないとか、そうは思いません。こんな具体的な話をして恐縮ですが。

養老　いや、そんなことはないですよ。

昔はそんなことといちいち教えなくても、十分済んでしまったんですね。人間には好奇心というものがちゃんとあって、ひとりでに覚える。自分から学ぼうとするもんです。

小島　でもいまは、好奇心のはけ口が、アダルトビデオを見続けるとか、ネットでアダルトサイトにアクセスするとかに向いて、すごく偏った性の知識を持ってしまう。その挙げ句、ＳＴＤ（性感染症）に感染してしまうケースもあると聞きます。これを親たちは大変心配しているんです。

養老　そういう人はいつの時代にもいるに決まっていますよ。教えようが教えまいが、極端な人たちというのは、常に一定の割合で存在する。

性教育なんて真面目に表立って議論しないというのも、昔ながらの知恵だと思うんです。それが自然に覚えられないような社会は、おかしいんじゃないかな。

小島　なるほど。

養老　だから、それを学校教育に組みこむことには違和感がありますね。

小島　性教育の背景には、個人の性は隠ぺいされているから、代わりに公で性を語ってくれ、という要求があるんだと思います。でも本来、性というものは、公で控えておいて、個人のレベルで語っていたものだったということなんですね。

どうもそういうところで、親が手をかけることと手を抜いていいこととについて、勘違いがあるのかもしれません。

ときには自分と違う生きものの目で社会を見る

養老　先日、スマナサーラさんというお坊さんと公開対談をやったんです。スマナサーラさんがこういう話をしていました。

幼いころ、近くに乞食がやってきた。汚いし、くさいし、子どものスマナサーラさんは近づくのを嫌がった。するとお母さんが「あんたがあの人だったらと思いなさい」とひと言、怒ったそうです。小さいことだけれど、教育とはこういうことです。

小島　自分が自分であることは偶然で、自分があの人だったかもしれないのだと思うことが、想像力や共感や思いやりを生むのだということですね。

養老　そうです。役柄を変えてみることは、アタマの固い人にとって、ノウハウとしてはいいやり方ですよ。

私もときどき虫になります。虫の目になって人間社会を見ると、社会の凸凹《でこぼこ》、争いなんてまったく意味がないということが見えてきます。

小島　他者の視点を自分のなかに内面化するんですね。

養老　そうです。中立的に生きることを教えてくれるという意味で、生き物の世界はとてもおもしろい。いくらでも奥がある。

小島　おもしろそうですね。私は中学・高校時代、生物が大好きで夢中で勉強しました。数学が壊滅的にできなかったので断念したのですが、数学さえできれば、私は医者か、生きものとかかわる仕事をしたかったんです。

養老　数学ができないから医者になれないというのは、大問題なんですよ。それで医者の適性のある人を弾いてしまう。女子には数学が苦手な人が多くて、もし医学部の試験から数学と物理を外したら、女子が上からずらっと上位を独占しますよ。

数学を必修にしているから、生物ができない人が、徹底的に医者になってきちゃった。

小島　それは困りますね。医者というのは生きものとかかわる仕事ですものね。

養老　そうなんです。育てるとか、面倒を見るとか、そういうことをやらせると、研究者でも女性のほうが上手なんですよ。

大学院生のとき、組織培養で、細胞を飼う仕事をやっていたんですが、その世界の大御所はみんな女性でした。シャーレのなかで細胞を飼って毎日様子を見ているというのは、男にはあまり向かなくて、女性は上手にやるんです。

そういうことに対するセンスがいいんでしょうね。やはり子どもを育てるということも関係しているのではないですか。男はそういうのは苦手ですから。

「イクメン」は子育てにプラスか？　「自然」に反するか？

小島　先生、「イクメン」という言葉をご存じですか。

養老　なんですか、それ。

小島　育児をする男性のことです。

育児をする男は「イケメン」、つまりカッコいい男だよ、という意味もあるように思います。育児を手伝うとか、育児に参加するというレベルじゃなくて、当たり前に自分のこととして育児をする男性も増えてきましたよ。

養老　私は常に子どもの身になって考えるんですが、お母さんがお父さんになるなんて、そんなのイヤだね。お父さんにお母さんの代わりをされたら、たまらないね。「オレはホモじゃねえ」って叫びたくなる（笑）。

小島　それは関係ないですよ、先生。性的嗜好とは関係ない。

養老　いや、子どもは関係あるんじゃないですか。触覚というのは非常に大事なんですよ。だから母親は、余分に脂肪が付いていて柔らかい。それを親父のひげ面で触られてもなあ。イヤだ、イヤだ、おおイヤだ（笑）。

小島　女性の側からすると、育児に無関心な男性は、教育にも無関心だったり、不勉強だったりで、子どもに対する態度も夫婦の間でうまく話し合いできない。それでは困る。お父さんにも育児のしんどさを理解してもらったほうが、目先の話として女性の負担が軽くなるだけじゃなく、長い目で見て、いい子育てができるのではないかと考えているんです。

養老　『バカの壁』にも書きましたが、男にその必然性がないから、どうしても関心がないんです。

大学で教えていたとき、出産までのビデオを見せると、男子学生は「こんなことは既に知っている」とだけ書く。一方、女子学生は、ビデオから何を発見したか、何を学んだか、何がおもしろかったか、見事に書き並べます。男はぜんぜん見ていないんだということがわかりましたね。

小島　見ていない、読みとらないのですね。

養老　そうです。そんなのに子育てをさせたら、子どもがかわいそうだ。

小島　いまのイクメン運動では、そこは本人の努力とか価値観の転換とかで、なんとかなると考えているのだと思うんですが……。

養老　ほら、それが、アタマで考えたらなんでもできるという思いこみですよ（笑）。どうして「自然」に抵抗するんですかね。

私は一時、息子の面倒を見ていたことがあるから、よくわかりますよ。一生懸命に面倒見てやるんだけど、お母さんの代わりはできない。うちの息子なんか夜泣きしてね。私が抱いて歩くんだけど、ぜんぜん泣きやまない。だから私が育児ノイローゼだと言われていた（笑）。

小島　先生、それは大変でしたね。赤ちゃんが泣きやまないと本当に追い詰められますよね。

養老　そうなんだよ。

小島　私は自分が子育てを通じてたくさんのことを学んだので、男性にもぜひ、そういうチャンスを活かしてほしいとは思うんです。共働きだとそうせざるをえないし、実際、私たち夫婦は、ほぼ等分に育児も家事もこなしています。

専業主婦家庭であっても、子どもを育てることのままならなさや労力を男性が経験するのはいいことなのではないかと思うんですが、母親と交換可能なぐらい同じ機能を求めることは無理があるということですか。

養老　というより、やってはいけない。なんだか自然に反するような気がします。あくまでも男は補助要員。

小島　うーん。

妻の夫への愛情が右肩下がりになる理由

養老　昔、厚生省が夫婦の愛情について調査をしたことがあるんですよ。心理学者の菅原ますみさんが実に見事に調査、分析していますが、新婚当時から一五年間で、夫の妻に対する愛情はほとんど変化しないんです。ところが、妻の夫に対する愛情は右肩下がり。

小島　へえ～（笑）。

養老　妻の愛情が下がっていく一番の原因は、夫が子育てに協力しないことでした。問題はこの「協力しない」の意味なんです。それは、おむつを取り替えるとか、夜泣きしているときに抱っこするとか、そういう細かいことではないんです。

妻が育児に振り回されて、もう子どもの顔なんか見たくないっていう状態になったとき、「じゃあオレが見ているから、一週間、温泉旅行でも行っておいで」とか、「外国でも行っておいで」と言ってやることが一切ない。これが不満なんです。

仮に夫に理解があって、妻を解放してあげたとしても、次の日に子どもがはしかになったらどうするか。必ず実家の母親を呼ぶでしょ。そうするとダンナはよくても、姑が「嫁はどこ行った！」という騒ぎになる。わかるでしょ。

小島　「あら、自分の子を置いて旅行なの？」なんて。

養老　そうそう。これは社会問題ですよ。日本の社会全体がそういう考え方をしている限り、妻の愛情は右肩下がりになるんです（笑）。

小島　先生、そのとおりです。

本当におむつを替えてもらうことが目的なのではなく、夫が共感してくれて、「わかる、わかる、君の気持ち。ボクもあのとき同じ気持ちを味わったからね」「ボクより君のほうが大変かもね」と言ってほしいんですよ。

共感してくれるだけでいいのに、それが得られないので恨みつらみになって、「じゃあ子どもの教育を成功させて自分の実力を証明しない限り、私は一生、誰にも認めてもらえないで終わるんだわ」と思ってしまうんじゃないかと思うんですよ。

養老　さらにおもしろいのは、その菅原さんの調査結果が出たのは、もう二〇年も前のことなんです。日本の社会は、こういう菅原さんのような仕事を評価しないいんですね。二〇年前にしっかり右肩下がりという結果が出ているのに、ちっとも改善されてないわけですからね。

専業主婦生活は理想の暮らしか？　しんどいか？

小島　私もそうですが、仕事を持って働いているお母さんが増えています。母親が仕事をすることについてはどうお考えですか。

養老　私の母親が働いていましたから、働くのが当たり前だと思っていました。働かない人、いわゆる専業主婦はいったい何をしているのか、ずっと不思議でした。

誰もが社会とかかわり合って生きているので、専業主婦といっても例えば、政治家の奥さんは実質的には働いていますよね。政治家本人が東京へ行っている間、選挙区の面倒はすべて引き受けています。政治家の奥さんの集まりに行ったことがあるけれど、まあ、できればそばへ寄りたくないみたいな、強そうな人ばかりでしたよ（笑）。

ほかにも家業がお店だったり、兼業農家だったり、主婦もみな働いている。そう考えたら、そもそも純粋な専業主婦のほうが例外なのではないかな。

小島　育児と家事に専念するお母さんは特殊な存在だということですか。

養老　絶対数として少ないから、あまり相手にする必要はないのではないかと思うんだけど。暇な人がいていいよな、とでも思っておけばいい。

戦前は、仕事がなくてぶらぶらしているということほど、うらやましがられることはなかったんですよ。労働がきつかったですからね。何もしないでいいと言われたら、私なら一日中、虫を追いかけていますよ（笑）。

小島　最近、専業主婦願望の女性が増えてきているそうなんです。女性が社会進出することがカッコいいと思われていた時代から、いまは逆に、専業主婦ほどおいしい、恵まれた立場はないと若い女性たちは思い始めたそうです。婚活ブームもそこから来ているんだとか。

養老 まあ、やってみたら飽きるでしょう。それに、仕事をしようがしまいが、そもそも世の中と接点を持たずに生きられるはずがないですよ。だんなさんもいるんだし、子どももいるし。

小島 特技を生かしたボランティアなどの活動だってできるわけですよね。

養老 物書きなんか最適ではないですか。自宅でできるんだから。『ハリー・ポッター』はシングルマザーが書いたんですよね。

小島 「自分は母親なんだから、育児にすべてを傾注することが正解である。だけどしんどい」というお母さんに対して言うとすれば……。

養老 うちのおふくろがよく言っていました。まさに、そういうのは「栄耀《えよう》の餅の皮」だと。

小島 「栄耀」は贅沢のことですね。餅の皮までむいて餡《あん》だけを食べるという、度を超えた贅沢。

養老　だって生きていかなきゃいけないなら、必死に働くでしょ。その必要がないのであれば、幸せだと思ってればいいだけで、育児だけしてればいいというのは、むしろ理想的な生活なんですよ。

時間と力を持て余しているならぜひ山林の手入れを

小島　でも、その主婦のしんどい気持ちもわかる気はするんです。

私は、いい学校に入り、学校に入ったら次は結婚、結婚したら次はだんなさんの出世という目標をクリアすることが、女性としての人生の正解なんだと教えられながら育ってきました。昭和の右肩上がりの時代の価値観ですよね。がんばって、ある程度目標をクリアしちゃうと、パーンと目標がなくなるんだと思うんです。そうすると、非常に不安になる。それで次の目標を探さなきゃと思って、ターゲットが子どもの未来に向かってしまう。

昭和の高度成長期に子育てをしていたおばあちゃんたちから引き継いだ慣性の法則のなかに、現代のお母さんもいるのではないかと思うんです。

養老　なるほど。それはわかるな。つまり、まだ高度成長が終わっていないんですね。

小島　そうなんです。子育ての世界ではまだ終わっていないんです。それで、私の世代が同じことを自分たちの子どもにやってしまうと、さらにもう三〇年、それが終わらないことになる。

養老　時間があって目標がほしいという人は、山林の手入れをやってくれないかな。

小島　子どもに向かわず。

養老　そう。日本の山林は手入れが必要なんです。しかも早急に。

樹木の高さに対して、葉のついた枝が出ている部分の高さの割合がいま、二割を切っているんです。間伐されていないから、上のほうだけどんどん葉が茂って、陽光が木全体に行き届かなくなっているからです。これが一割台になると、樹木は育たなくなってしまう。そういう状態のまま放置されているところが、日本中いたるところにありますよ。

このままでは日本の財産である山林が完全に壊れてしまう。だから誰かが手入れをやらなければいけないんです。そこに子どももときどき連れていって、虫捕りでもさせておけばいい。

冗談で言っているわけではないんですよ。力と時間を持て余して、それを子どもに向かわせていることがしんどいなんて、それは「栄耀の餅の皮」だと自覚しなきゃいけない。そういう感覚を持った人が減ってしまうと、社会全体が漂流してしまいます。

第三章

どんな花だって、世界に一つ

「その人の器なりの人生」という考え方を失った社会

小島　東日本大震災が起きて、世の中は変わると言われ続けています。被災地のお父さん、お母さんたちならずとも、親たちはこれからの教育をどう変えたらいいのか悩んでいます。

養老　さきほど「器」と言いましたが、教育というのは常に相手によるんです。お釈迦様も「人を見て法を説け」と言っています。かつては「うちの子はこのくらいで」ということを親が計ったと思うんです。その子にとって適当な学校に行かせて、適当な職に就けて、あるいは家業を継がせるというふうにやってきた。

いま、結局は家業のようなものがない人が困っているわけですよね。それは戦後社会の大きな課題なんです。家制度があった時代には、長男以外はまあ、どうなってもよかったわけですよ（笑）。「家」さえ持続すればよかったから。

いまは、それがなくなっちゃったんですね。

小島　かつての「うちの子はこのくらいで」が、「うちの子の個性と才能を伸ばして世界に一つだけの花にしなくてはならない」に替わったということですか。

養老　そうそう。子どもは誰でも始めから一輪なんだけどね。同じ子どもが二輪あるんだったら死んだっていいわけで。

小島　スペアはきかないです。

養老　そう。

「その人の器なりの人生」という考え方をなくしてしまった社会というのは、普通の人にとって実は生きにくい社会だということに、やっと気がつき始めたと思うんですよ。

家業がある人というのは落ち着いていますよね。どんな時代になっても困らないというだけではなくて、自分がやっていることが世の中に必要だということがわかるからなんです。

小島　あらためて問わなくても。

養老　そうなんです。長い間続いているということは、世の中に必要だったということですから。だから震災になろうが戦争になろうが潰れなかった。

そういう人たちからしてみれば、震災によって世の中が変わるなんて言われても、いまさら何を言っているんだ、いままでだってずいぶん変わったんだと思っていることでしょうね。だから蔵が潰れても、それは建て直せばいい、という考え方ができるんです。前にも潰れたしな、と。

生を支えるのは「誰かの役に立っている」という実感

小島　サラリーマンなどは、人生は自分の実力次第だ、だから子どもの人生も子どもの努力次第で良くも悪くもなると思って、では子どもにどんな努力をさせたらいいのかと悩んできた。これから世の中が変わるのであれば、悩みは深まるばかりだと思うんです。

養老　それはもう、夏目漱石の時代から始まっている悩みですね。

小島　そうか、いまに始まったことじゃなくて、震災の前からとっくに悩んでいるんですね。

養老　中産階級、漱石のいうところの高等遊民は暮らしにはそう困っていない。だから何をしていいのかわからない。そもそも動物は、必然性がないと動かないようにできていますしね。

小島　受験産業などが、これからは並みの教育では生き残れないですよと言っていますけれど、あれもおカネを出してもらうために、脅すというか、必然性を強調しているわけですね。

養老　そうそう。そんな必然性、ありゃしないんです。

要は、自分の仕事は世の中にとって必要な仕事なのかどうか。私は学生時代にしみじみ思いましたよ。いったいこれからオレは、誰に食わしてもらうんだろう。つまり、大学で解剖なんか研究していたら、私のおかげで誰かが助かるんだろうか、本当に誰かの役に立っておカネをもらえるんだろうかと。そんなこと、思ったことありません？

小島　実は、私、会社に勤めていたころ、テレビやラジオに出る人は、それを見聞きしていない人にとっては「いない」も同然だと気づいたんです。別に、私がいなくても誰も困らない。

でも例えば消防士さんは、その人がいないと人が助からないわけですから、いないと困ってしまう。だから消防士さんよりも自分が高いお給料をもらっている理由がわからなかった。

「この給料はいったい何の対価だ？」とずいぶん考えて、「企業の利益のためにしゃべる」より、せめて見聞きした人が楽しかったなと思ってくれることをしゃべっておカネをもらうほうが少しは納得がいくと思って、会社を辞めたんです。

養老　うん、それに近いですよ。それをもう少し突き詰めて考えると、一次産業でない仕事が、どこまで評価されるべきなのかということに行き着きます。

そもそも都市というものに一次産業がない。つまり、存立の基盤がないんですね。

小島　存立の基盤とは、「自分は誰かの役に立っている」ということですね。

養老　そうです。教育の根本も、自分が社会にどう寄与するかということですよ。

　私が卒業した中学・高校はカトリックの栄光学園というところでした。学校の方針は明確で、それは「良き社会人を養成する」でした。社会は人が働くことで成り立っているんだから、そういう意味で、何らかの社会的な寄与がないと、給料の価値がないわけですよね。

　ですから、子どもたちには将来、その人がいないと困るということをやってほしいなあ。

小島　親に問われるのは、職業をブランドと捉えるのか、人の役に立つ仕事と捉えるかということですね。それは親の価値観ですね。

養老　そうなんです。正直に言うと、子育てをしている最中の親が教育問題を気にしていること自体が、既に危ない。どういう子どもに育てるのか、そんなことはわかっていなければいけないんです。

小島　親になってから考えるのでは遅いということですか。

養老　遅いというか、最初から自明のこととしてあって、誰から教えられなくたってやっていなければいけないはずです。親はその点だけ押さえて、あとは知識の教育なんかは学校に任せておけばいいというぐらいが、健康なあり方だと思いますよ。

親が教育についてあれこれ考えなければならないというのは、まあ、時代が変わったというか、やはり親が暇になったんでしょう。

自然は常に「答え」を与えてくれている

小島　「わかる」という意味では、私はどうしてこんなに時間がかかるのだろうと思ったことがあります。

さきほど、生と死も補完関係にあるとのことでした。生きているから死ぬ。

私がそれを実感したのは、最初の子どもを産んだときです。この世に存在しなかった人間が存在するようになったということは、いま存在している人間も存在しなくなるということだ、つまり、いずれ私も確実に死ぬということだって。ですから早速、生命保険に入り直しました（笑）。

いずれ私も死ぬ――そんな当たり前のことは、とっくにわかっていたつもりだったのに、本当に理解したのはこのときだった。三〇歳にしてようやく気がついたんです。

養老　人は何度もわかり直すんです。お釈迦様もおっしゃっていますよ、「何度も悟る」って。それがけっこう楽しいんです。

人は何のために生きているのか、昔から繰り返し問われてきましたね。しかし、この「問い」は意味をなさない。あなたが現在、ここでこうして生きているのが「答え」なんですから。

であるなら、本当の「問い」は何か。どうして私がいまここでこうしているんだろう――これが「問い」です。このように、「答え」から出発して疑問を探すのが「考える」ということなんです。

小島　ところが、学校で教えられるのは、「問い」から始めて、「答え」は何ですか、という問題解決型のやり方ですね。

養老　そう、入試問題なんかその典型です。

しかし、人生においてはほとんど、まず「答え」がある。自然をいじっているとしみじみそう思いますよ。自然は「解」を与えている。非常にややこしい問題の「答え」を与えているんです。わからないのは「問題」のほうなんです。

小島　先生のご本に、木の葉のお話がありますね。

一本の枝についている木の葉は、重なり合わないように並んでいる。ではなぜ、そういう配列になっているのか。一枚一枚がそれぞれ最大限、日照を受けることができるように、お互いに陰にならないように並んでいるのではないか。しかも、太陽は動くし、枝も幹も木の葉自身も成長するから、そうした変数も含めて日照を受けられるように配列されているのではないか。

このように既に目の前にある木の葉の配列という「答え」から遡《さかのぼ》って、何のためにそうなっていったのかを考えるということがおもしろいのだと。

養老　生物が三〇億年生き延びてきた、これが「答え」。どうやって生き延びてきたのか。生きとし生けるものは、根本的には「問い」を探す存在なんだと思いますよ。

そして「問い」と「答え」はセットになっているから、正しい「答え」には正しい「問い」がついている。

小島　いまある「答え」の「問い」を考える。それは反省するということでしょうか。

養老　そう、反省とも似ていますね。

禁煙、温暖化論……世界規模で世論操作が進んでいる？

養老　正しい「答え」がわかるということは正しい「問題」がわかるということで、正しい「問題」がわかるということは正しい「答え」があるということ。

いまどきの話で言えば、エネルギー問題がそうです。原発事故というういま起こっていることが「答え」であって、なぜそうなったのかという「問い」があるはずなんです。

石油というものは人類がこれまでに知った、そしておそらく将来知りうるエネルギーのなかでも最良のエネルギーでした。無公害で安いエネルギーだったんです。それを何にでも便利に使うことに慣れてしまい、同じようなことを原子力エネルギーでやろうとしたのが無理だったんですね。

小島　石油は無公害なんですか。

養老　本来はね。人間の使い方の問題で、公害になるんです。

地球の温暖化が進んでいて、その元凶が、石油が排出する炭酸ガスだと言われるけど、本当にそうなのか。だって、二〇年間も、世界中でCO_2削減のキャンペーンをやっていたけど、最近は、メディアがすっかり取り上げなくなったでしょ。

小島　クライメートゲート事件ですね。IPCC（気候変動に関する政府間パネル）が採用している地球温暖化のデータはねつ造されたものであると指摘された。たしかにそれ以来、原発事故もあって、温暖化防止については世の中がトーンダウンしています。

養老　地球温暖化論みたいな、世論操作が疑われるキャンペーンというのは、昔からあるんです。

最初の例が反捕鯨運動です。ターゲットになったのが主として日本。ジャパンバッシングですよね。日本以外では捕鯨国はノルウェーだけです。たった二つの国だけを潰すのに、あれだけ大々的にキャンペーンをやったわけです。なぜ、そこまでやる必要があったのか。私は世論操作の実験だったと思っています。

それがうまくいったので、次にやったのはタバコですよ。今度は人類全体を喫煙者と非喫煙者に分けた。ビル・ゲイツが途上国の禁煙運動に一億二五〇〇万ドル（約一三四億円）もの大金を寄付したのも、おかしな話ではないですか。絶対に裏がある。それは現代のこの時代に、世界規模の世論を動かすにはどうするかという実験なんですよ。

小島　世論を操作しようとしている主体がいるんですか。

養老　別に私は陰謀説を唱えているわけではないですが、何らかの大きな力の存在は感じます。反捕鯨―禁煙―温暖化防止と、どう考えても、ある特定の順序を踏んでいますよね。

温暖化論だって、科学的根拠があると称しているけれど、実は完全に証明されているわけではない。もし本当に地球上にCO_2が増え過ぎた場合は、生態系全体が、濃度が下がるようにひとりでに動くんです。地球上の温度が上昇した場合は、植物が繁栄する。地球上の物質循環は安定するようになっているんです。

生物多様性を唱えながら、どうも実際の人間の社会はまったく逆に、「統一」の方向に動いている気がしてしかたありません。

アタマだけで生きている人は操られやすい

小島　どうして人はまんまと同じ方向に動いてしまうのでしょう。
養老　ローマ時代の昔から「パンとサーカス」ですから。
小島　いわゆる愚民政策ですね。古代ローマ帝国が、市民に無料の食料と娯楽を提供して、市民を懐柔したという。
人心を操るということについて、今回の原発事故による放射能汚染の件で、つくづく思ったことがあるんです。
目の前にある水をいま、子どもに飲ませていいのかどうかというときに、ほしいのは、その水がどの程度危険かという数字と、その危険を回避するために取るべき行動を具体的に示している情報です。
誰かが情報操作しているのではないかとか言われても、事態は切迫しているわけですし、自分ですべての情報の裏を取れるわけではない。手にした情報のなかから、自分で一つを選択し、行動に移すしかない。

そう考えて、三月に東京都で水道水の汚染が明らかになったとき、私の場合は、子どもたちが脱水症状になるのを避けるために水道水を飲ませることにしました。「一歳以上は飲める数値である」という情報を信じることを選択したのです。

一方で、そういう切実な選択を迫られていない人々のなかには、ただ「誰が悪者か」を探して非難することだけで不安をまぎらわそうとしている人がいた。

結局、情報操作のような大きいキャンペーンに巻き込まれてしまうのは、アタマのなかだけで恐怖に駆られている人たちなんじゃないかと思うのですが、それは先生がおっしゃっている「都市化してしまった人間」ということとは関係ないんでしょうか。

養老　おおいに関係ありますよ。都市化していない、自分の土地で自分で生産して生きている人間は、そういうキャンペーンでは動じないもの。そういう、自分で立っている人たちこそ、本当の「市民」です。

一方、都会の会社で働く人は、会社がなくなったらやっていけないと思っている。常に不安があるから、動じてしまう。

小島　そうですね。都市にいる人間は自分の力で立ってなんかいませんね。震災後、身にしみてわかったのは、水道が止まったり、電気が止まったりした途端に私はとても無力になるということです。誰の力も借りないで生きていくことなんて、到底できないのだと思い知らされました。

「地に足がついていない人」で成り立っている都市社会

養老　江戸という都市でもそれは同じでした。江戸時代の思想家・荻生徂徠《おぎゅうそらい》の父・景明は、五代将軍綱吉の侍医だったのですが、綱吉の不興を買って、江戸から追放されました。そこで、荻生家は徂徠の母方の実家の上総《かずさ》、いまの千葉に移り住みます。このとき、徂徠は一四歳でした。

元禄になって赦免された父に従って、徂徠は二七歳で江戸に帰ってきます。

彼は江戸の変化に目を見張り、江戸に暮らす人々を指してひと言、「旅宿人《りょしゅくにん》」と言っています。旅宿人というのは、定まった住処《すみか》を持たずに旅の宿に暮らす人、ふらふらしていて当てにならない人たちのことです。

以前の江戸であれば、奉公人は、代々務めるものだと思っているから、ちょっとやそっとのことでは勤め先を変えたりしなかった。それが、元禄になり、江戸の都市化が進んで、奉公人は給金をやればほいほい来るけれど、何か気に入らないとすぐ辞めちまうようになった。徂徠はそういう人たちを「旅宿人」と呼んだ。

小島　なんだか現代の話を聞いているみたいですね。

養老　そのとおりです。都会の人の習性というのは変わらないんですよ。転々と住むところを替え、勤め先を替え、上昇していく。アメリカ型のスタイルはその典型ですね。地に足がついている農民とは違うでしょ。

新聞社が中国人にアンケートをとったところ、中国人の各階層のうち、最も大変な思いをしている階層は、農村から都市に出稼ぎに来ている人たちだと回答しています。中国は生まれた場所によって、農村戸籍と都市戸籍に分けられ、農村から都市に移り住むことが厳しく制限されています。都市への出稼ぎは違法ですから、子どもを学校にもやれないし、保険にも入れない。

次に大変だと思われている階層が、学生と教師です。学生は高い学費を払っているし、アルバイトも見つからないから貧乏なんです。教師は仕事の割には大した給料をもらえない。

反対に最も楽な階層は共産党の幹部、中央政府の役人、地方の役人、そして資本家です。当然ですね。

では、中国における中間層とは何だと思いますか。これは、定職もないし定住所もない人、つまりホームレスです。日本でいうところの「中流」は、中国では「ホームレス」にあたるんです。

実は、そういう人は、歴史的に見ても、きわめて都市的な存在なんですよ。

『十八史略』に「孟嘗君《もうしょうくん》は食客《しょっかく》数千人」とあるでしょ。

小島　孟嘗君は中国の戦国時代の王族で、居候《いそうろう》を数千人も抱えていることで有名だった。

養老　それだけいれば、なかには「鶏鳴《けいめい》」（鶏の鳴きまねがうまい人）も「狗《く》盗《とう》」（盗人）もいますよ（孟嘗君がこれらの食客のおかげで難を逃れたことから、「鶏鳴狗盗」は、くだらない技術でも役に立つことのたとえになっている）。紀元前の孟嘗君の時代から、完成した都市社会というのは、何をしているんだかわからない、旅宿人が大勢いるところだったんです。

いまほど「田舎で暮らす体験」が重要な時代はない

養老　地に足がついていない都会人、キャンペーンにのってしまう都会人、これをなんとかしなければいけない。これは以前から思っていることだけれど、日本にはどうしても二地域居住制が必要です。

小島　田舎と都会に住居を持つということですか。

養老　そうです。そう言うと「贅沢な話だ」なんて言うわからず屋が必ず出てくるんですが、来るべき大地震に備えるという意味でも、これは喫緊《きっきん》の課題ですよ。東海地震はいずれ必ず起こるのであって、その際の難民たるや大変な数になります。ライフラインが復旧するまでの避難先として、もう一つの住居はあったほうがいい。

小島　中国の四川大地震の際は、被災自治体と被災していない自治体のペアを決めて、支援体制を整えたんですよね。

養老　そうそう。日本だったら、お盆に帰るところをつくっておくというような感覚でいいのではないかな。

都会と田舎を行ったり来たりして暮らす。これを「参勤交代」と称して、私はあちこちで提唱しています。

欧米では何週間もバカンスを取るでしょう。その間、ボランティアなどをして過ごしていますね。長く休むことを世間が認めているわけです。

日本では、偉くなると田舎に行ってゴルフばかりやっている。どうせやるんなら田んぼでもやれっつうの（笑）。体を動かすのが気持ちがいいというんだったら同じなんだから。一カ月でいいから田舎に行って、田んぼの草を取ったり、畑を耕したり、薪を割ったりして過ごせば、まず体のためにいい。体を使っていれば、脳も変わる。考え方が変わります。子どもはなおさらです。

小島 現在、農村留学している子どももいますね。

養老 せっかく農村留学の制度ができているんだけれど、事業仕分けで予算を半分に削られちゃった。

小島 どうしても贅沢だと思われてしまうんですね。

養老 子どもは田舎に連れて行ってやるべきです。そういうところで暮らす時間をつくってあげる必要がある。おじいちゃん、おばあちゃんは孫におカネを出すだけではなくて、孫を田舎に呼び寄せたほうがいい。

過疎地なんて、土地も家もガラガラ空いているんだから、どうして使わないのかと思う。いまほど田舎が重要な時代はないですよ。

これからはグローバルな時代だなんて、まったくのウソ

小島　いま、早期教育ビジネスの広告は判で捺《お》したように言うんです。これからはグローバルな時代で、国際競争力をつけなくてはならない。だから小さいうちにネイティブな英語を習わせないといけないのだと。

先生のお話を聞いて、田舎に行ってばかりだと英語力もつかないし、グローバル化の時代に乗り遅れると心配する親が、必ずいると思うんですが……。

養老　でも石油はいずれ枯渇することがわかっているのであって、そうなればジェット機も飛ばないよ。そもそもこれからはグローバルな時代だなんて、ウソですよ。これからはローカルな時代なんです。

二〇世紀というのは、石油が非常に安くて使い勝手がよかった。石油の消費と経済成長率が完全に比例した。それだけのことですよ。そういう世界を通ってきた人たちだけが、グローバルだなんて言っているにすぎない。

小島　子どもたちはかなり早くからインターネットに接して世界とつながっているわけですが、それに関して先生はどうお考えですか。

養老　だからこそ、田舎に連れて行けと言うんです。いまは、そういう機会を無理やりにでも与えてあげないと、一生行かないまま終わってしまう。

機会を与えさえすれば、田舎が好きな子どもは自分でそっちに動きます。そんなのいやだ、行きたくない、という子どもも必ずいるはずです。バーチャルな世界がいいという子どももいる。それはそれでいいわけでしょ。いろいろな子どもがいていい。ともかく一度は連れて行ってみないと。

いずれ安い石油はなくなってしまうんですから、グローバル化のしようもない。この先、世界はローカルにならざるをえないんですよ。

小島　「国際化」という言葉の持つ二〇世紀的輝きが、まだ親の間に残っているんですね。

養老　グローバリズムは、生物多様性という面から言っても、非常に危ないし、よくないですよ。

小島　生物はローカルな多様性を必要とする。
養老　そうです。だっていろいろなものがいないと、環境が変化したときにどれが生き残るかわからないからね。

日本はなにごとも世界の五五分の一を目指せばいい

小島　国際競争力のある人材を育てなくては、日本は中国やインドにも負けて貧しくなってしまう、と心配する声もよく聞きますね。
養老　でも、日本の人口は一億二八〇〇万。中国の一〇分の一、世界の五五分の一でしょ。なにごとも五五分の一を目指せばいいんですよ。
　日本にはもともと「弱いものの知恵」というものがある。気候に恵まれ、植物に恵まれ、水に恵まれ、土にも恵まれていることから、独自の文明がつくられるだけの財産があったわけです。そこで上手に暮らしていくのが日本の暮らし方であって、どうして国際競争をしなければいけないのか。誰がそんなことを吹きこむんだろうね。

小島　国際競争に勝たないと貧しくなるのではないか、いまのような暮らしがもうできなくなるのではないか、という怯えがあるんだと思います。

養老　それはおそらく無意識に、自分が現在の暮らしをする権利がないと思っているからでしょうね。自分は自分が稼いだものでちゃんと生きています、という確信があれば、そんなことは思いませんよ。

小島　地に足がついた自立した人であれば、そんなことは考えないんですね。

養老　そうです。そうでないと、他の人の役にも立てない。
　自分が働いた分の稼ぎから生じる余裕が本当の余裕であって、そこから人助けが始まります。自分の働き以上のものを手に入れることが余裕なんじゃない。そんな人が他人を助けられるはずがないんです。

小島　自分の働き以上のものを手に入れると、目を離したら収奪されるかもと思ってしまう。

養老　そういう人ばかりになったら、それこそ国が滅びますよ。

「うちは貧乏だけど、あんたらが来たらなんとか助けてやれるよ」というくらいの余裕がみんなにあるのが、社会のあるべき姿であって、それが本当のグローバルですよ。

だって、日本に来た外国人が会いたいと思うのは、日本で地道に働いている人たちでしょ。自分たちとどういうふうに違うんだろうと思って会ってみると、同じところを見つけたり、違うところを見つけたりして、感心したり笑い合ったりする。それがグローバルということなのではないかな。

小島　はい、とても共感します。

ローカルなものこそがグローバルな共感を得られる

養老　私のところにも、アメリカのテレビ番組と文化人類学者が、どちらも偶然、どうして日本人は虫が好きなのかという同じテーマで取材に来ましたよ。テレビ局も学者も、虫ばかり集める日本人がいるのが不思議でしょうがない。

日本には「むし社」という会社があって、『月刊むし』なる雑誌まで出していますからね。世界唯一、虫についての月刊誌ですよ、『月刊むし』。

小島　あははは、むし社、月刊むし！　ヨーロッパのように博物学の伝統がある国でも、その類《たぐい》の雑誌はないんですか。

養老　伝統があっても商業誌までは出さない。虫好きは最近、アジアにどんどん広がっているんですよ。韓国、台湾、そして中国にも現れ始めた。これぞグローバル。

小島　非常にローカルなものであるにもかかわらず、グローバルな共感を得るものこそが本当のグローバルなんですね。

養老　そうです。京都には年間五〇〇〇万人もの観光客が訪れる。京都市の調査では海外から九〇万人以上も来ている。とんでもない数でしょ。一〇〇〇年も持続している都は、世界でもそうはない。ローマなんて途中で蛮族が侵入してきて、人が入れ替わっちゃっていますからね。

そうやって長く生きているところには、必ずローカルなものがあります。だから世界の人がひきつけられてやって来て、グローバルになる。黙っていても世界の人がびっくりするというのがグローバルであって、基準を世界に合わせるのがグローバルなんじゃないんですよ。

小島　人が発見してくれる力に信用をおくかどうかですね。そこに信用をおかないから、自分のほうから合わせなければ、追いつかなければ、と思ってしまう。

養老　そういうことです。

親が責任を負えるのはしょせん自分が生きている間だけ

小島　先生のお子さんたちは、受験を経験されたんですか。

養老　娘は受験をしないでアメリカの学校に行っちゃった。息子は受験なしで入れてくれる学校に入りました。

小島　それは先生の教育方針によるものですか。

養老　教育なんかした覚えはないです。自分が教育したら悪くなることはあっても、良くなることはないだろうとわかっていましたからね（笑）。何もしないことが教育方針です。

小島　私はいまのところ、子どもたちに中学受験をさせる気はないんです。そうすると「よく平気ね」とか、「それって無責任じゃない」とか言われるんですよ。地元の公立中学に行かせることがどうして無責任なのか、私にはわからないんです。

養老　よく考えれば逆かもしれない。受験させる親のほうが無責任なのかもしれません。というのは、受験させることが世間の常識なのだとしたら、それと逆をやることは、相当に重大な責任を負うことになりますから。

どちらにせよ、親が責任を負えるのは自分が生きているうちだけで、死んだら知らないよ、となるわけだし。

小島　息子たちに「パパやママは死ぬの？」と聞かれたことがあります。「なるべく一日でも長く生きるように頑張るけど、先に死ぬと思うから、その後は兄弟で助け合いなさいね」と答えたら、なんだか大変なショックを受けていました。

「僕たちもいつかひとり暮らしするの？」と聞くので、「独り立ちするんだよ。自分で働いたお金で自分のご飯を買って、掃除も自分でするんだよ」と言うと、「お家は？」と心配している。「自分で働いたお金で借りるんだよ」と答えると、「えーっ」とさらに強いショックを受けたようでした。

それからというもの、兄弟二人でよくその話をしているようです。独り立ちしたら一緒の家に住もうとか。なかなかおもしろいですよ。

養老　素直に育っているわ（笑）。

小島　私も少し離れてそれを聞きながら、よしよし、と（笑）。

もう高度経済成長の成功体験から自由になろう

小島　私は一九七二年生まれです。さきほど私は母からの影響を大きく受けていたと言いましたが、私に限らず、私たちの世代はどうも自分の親の世代の価値観、つまり昭和の右肩上がりの黄金期に子育てをしていた人たちの価値観をなぞって、自分の子どもを育てているような気がします。

自分こそは子育ての成功者だと思っている祖母たちは、孫も同じようにいい学校に入って、いい会社に入るのが、間違いなく幸せ、成功だと信じている。そして彼女たちは、経済力と発言力を持っているので、なかなか手を引かないんです。直接口を出さないにしても、いま子育てをしている母親たちのアタマのなかには、彼女たちの母親や父親がいるんですね。

私たちは、自分たちの親が見てきた、「石油が安かった」時代の成功体験の風景を、子どもに見せてあげなきゃという強迫観念から、解放されなくちゃいけないですね。

養老　そう。本当に二〇世紀が特殊な世紀だったんです。

小島　自分が子どもだった時代が特殊だった、親たちの言うことは気にしなくていいんだとわかれば、現在三〇~四〇代のお父さんお母さんは、それだけでずいぶん楽になると思うんです。

養老　どういう時代でも成功体験というのは危ないんですよ。

私は最近、林業にも首を突っ込んでいるんだけれど、かつて吉野杉は一本一〇〇万〜二〇〇万円で売れた時代があったんです。その時代を覚えている人がいる限り、林業はダメなんですよ。いま現在をゼロとして、そこで収益を上げるところから始めようという気になりませんからね。

小島　成功体験からものを見ると、必ず喪失を語ることになり、劣化を語ることになるんですよね。それだと、いま目の前にあるものから、何も生まれないですね。

私は震災の直後、表参道を歩いて道行く人々にインタビューをしたんです。そのなかで卒業間近の大学四年生が話してくれたことがとても印象に残っています。

彼は四月から社会人になるにあたって、「もう、ゆとり世代なんて呼ばせません」と言ったんです。彼らはバブルを知らない。生まれたときからずっと不

子どもは何一つ親の思い通りにならない。
それをイヤというほど思い知らされて
私は生きるのが楽になりました。

況だった。「だからこういうとき僕らは強いんです。僕は社会に出たら人の役に立つ仕事をしたいです」と胸を張った。

いままでバブル世代の大人たちから、「お前らはゆとり世代だろう。かわいそうだな。オレたちはいい思いをしたんだよ」とさんざん言われたけど、自分たちにしてみたらこれが標準装備だから、大人みたいに喪失体験なんかない、その分強いんだという。自分たちにはほかの世代よりも力があるのだと、とても誇りを持っていました。

私も社会に出る直前に地下鉄サリン事件が起きて、働くことは少しだけ世の中を安全にするために自分にできることなんだと思ったんです。私はとても励まされて、よし、私も一緒に頑張ろうと思いました。

養老　私なんか戦後のどん底から始まっているから、ものすごく楽ですわ。私の一番好きな言葉は「どん底に落ちたら掘れ」ですからね（笑）。

自分だって虐待するかも、と思っていたほうがいい

小島　いま、最も痛ましく、深刻な問題が児童虐待だと思います。親が子どもを虐待していた事件がたびたびニュースになります。

児童虐待の話題になると、虐待をするのは鬼母であり、虐待が起こるのは貧困家庭か崩壊した家庭であり、うちはまったく当てはまらないから、自分は虐待などするはずがない、と思いこむお母さんがいます。あるいは、自分は虐待なんかするはずがないということを、証明しなくちゃ、と焦るお母さんもいます。私、そういうお母さんたちが、とても気になるんです。

子どもを育てていると、こんなに愛おしくて大切な存在なのに、というか、愛おしくて大切に思っているからこそ、精神的に追い詰められることがあるんだと思うんです。だから、自分たちだって追い詰められて同じことをするかもしれないと思ったほうが、虐待防止策をより建設的に考えられるんじゃないか。

でもいまは、虐待について語るというだけで、自分も虐待をしかねない人間であると思われるかもしれない。それが怖くて、語れないんです。お行儀のいいお母さんは、「虐待なんて信じられな〜い」って言っていないといけない。これがかえって、虐待を水面下に潜らせてしまうんじゃないでしょうか。

養老　それはそうですね。

私が学生のころ、イギリスの医学誌に家庭内暴力が原因で小頭症になったという症例が七例も掲載されていて、大変驚いたんです。日本ではありえないと思ったからです。しかし数十年経って、日本の社会がどうも当時のイギリスの状況に近づいている。

これはやはり、都市化が原因ですね。都市化して核家族化すると、お母さんは逃げ場がない。おっしゃるとおり、誰でも虐待に走ってしまう可能性はあるんです。

もう一つ、虐待問題と構造が似ていると思うことがあります。私たちは戦後、民主的な社会を金科玉条としてきました。その副作用として、誰もがいつでもフセインになりうるという危険なことになってしまった。民主社会は人間平等であるがゆえに、特殊な状況になると、ある人が突然、独裁的な権力を手にしてしまうんです。

そのときに、エリートとしての訓練ができていない人が権力を握ると、大変なことになる。暴力支配になってしまうんです。

小島　一番声が大きくて力の強い人が、ある日突然、トップに立ってしまうんですね。

養老　そうそう。日本人の場合、バラバラな状態から、ある求心的な集団がポンとできると、必ずやくざ支配になる。アングロサクソンの場合はまったくそうならず、集団に民主性が機能します。そこの違いはよく知っておいたほういいですよ。

だから一人ひとりがしっかりしていかないといけないという、当たり前の結論になってしまうんですけどね。

「子どもは三人ぐらいがいい」と言われてきた理由

小島　その日本のケースを家庭にあてはめれば、家庭が世間から孤立すると、暴力が支配する。

養老　そうです。日本の暴力的な虐待は、だいたい父親が絡んでいるでしょう。逆にアメリカでは、エリートの女性が実は家のなかで子どもを虐待していたというケースがよくあるんです。

小島　優秀な女性は、何でも自分でコントロールが可能だと思ってしまうんですね。

養老　そう。ぼちぼち日本も危ないかもしれない。

小島　人は親になった瞬間に、子どもにとっての「世界」になってしまう。初めて出会った他者として、子どもに刷り込みを与えるという意味では、親は子を支配してしまうことから逃れられない。やはり母性は原罪だなぁとしみじみ思います。

養老　思うに、やはり子どもは一人ではないほうがいい。三人、四人になると、独裁者でもなかなか統率しきれなくなる（笑）。

小島　一対一だと完全に支配ができてしまう。

養老　そうなんです。だから子どもは複数いたほうが、親にとっても子どもにとっても安全です。それぞれできの良し悪しがどうしてもできてくるけれど、それでいいんです。

小島　私は息子が二人いますが同じように育てても、どうしてこう違うんだろうと思いますもん。

養老　そうです。昔から子どもは三人ぐらいがいいと言われるのはそういうことでしょうね。三人いれば、完全にコントロールしようなんて思わなくなりますから。

窓を開けたままで、子どもを怒鳴ろう

小島　いま、思わず子どもに手を上げてしまったり、ヒステリックに罵声《ばせい》を浴びせてしまったりするということは、決して表に出せません。お母さんたちは、そんなことをしたら、母親失格の烙印を捺されて、もう生きてはいけない、と思いこんでいるから。

手を上げたり怒鳴ったりしたくないのに思わず、ということは誰にでもあります。その悩みを口にすることすらできず、子育て上手を演じ続ける。そんなお母さんが増えるのは、子どもも不幸だし、お母さんも不幸だし、ろくなことがないと思うんです。

だから、子どもを育てるときには、誰もが自分で思いもしなかった己の野蛮な面や、合理的でない面に直面するものなんだ、それで当たり前なんだ、そうなっても大丈夫なんだ、ということを、お互いに分かち合っていったほうが、

虐待の防止になると思うんです。

養老　そりゃそうですよ。

小島　私、こういうことがあったんです。

以前住んでいたマンションに、いつ会ってもきれいで、お子さんもきれいで、連れている犬もきれいで、まったく隙《すき》のないお母さんがいました。そこの家には、表からはほとんど見えない窓があって、その外枠もピッカピカ。つまり、お掃除も完璧なんです。

ところがある日、彼女が子どもを怒鳴る声がうちまで聞こえてきた。「私をなんだと思ってるのよ！」とかなり感情的になっていました。

このとき、私は安心したんです。窓が開いていたから。隙のない人だったけれど、子どもを怒鳴り散らしているのを隠さなかったことに安心したんです。

でもきっと隠している人もいるはずで、隠ぺいされた空間で、毎日怒鳴られる子どももいる。そのほうがはるかに怖い。だからみなさんも、子どもを怒鳴るとき、窓を開けたままにしてほしい。

養老　僕の姉貴がおふくろと大喧嘩をして、包丁を持っておふくろを追いかけたことがあった。

小島　ええ～！

養老　近所に警察署があって、包丁を持った姉貴がおふくろを追っかけてグルーッと警察の周りを一回りして（笑）。姉貴が一〇代の終わりぐらいかな。こんなの、昔は不思議な風景ではないですよ。

小島　母親は、自分が不完全だということを知っていていいし、不完全であることを隠す必要もないんですね。

養老　当たり前じゃないですか、そんなこと（笑）。

小島　完璧であらねばと思わなくてもいい。

養老　気持ち悪いじゃないですか、完璧な人なんて。なんですか、それ。

やっぱり一番いい解決法は、複数子どもを産むことですね。あの子では失敗したけど、今度は大丈夫だぞって（笑）。

小島　あ、私も母に言われたことがあります。ママの理想とするような人生はお姉ちゃんが歩んでくれたから、慶子は好きなふうにやっていいわよって。

養老　よかったですね。

小島　はい、よかったです。私は次女で。

養老　うちの女房は三人兄妹《きょうだい》の真ん中です。真ん中が一番どうでもいい存在ですから、放っておかれる。すると何でも自分できちんとやっていく習慣がつきます。どうせ産むならやはり、子どもは三人ぐらいいたほうがいいんですよ。

小島　私、もう一人産まないと（笑）。

第四章

おカネとエネルギーに依存しない幸せ

周囲とぶつかる人、迷惑かける人のほうが信用できる

小島　先生のお母様は、「医者というのは一〇〇人殺してようやく一人前だ。エリートというのは、自分の命令で何千人も死ぬかもしれないということを引き受ける人だ」とおっしゃった。先生はそれを引き受けたくなかったから、最初から死んでいる人が相手の解剖学を選んだのですよね。

養老　エリートには信用できるエリートと信用できないエリートがいます。私が信用するエリートとは、自分の腕力で上がってきた人です。このエリートはどちらのタイプなのか、見ているとなんとなくわかるものですよ。

小島　組織のなかでは、なるべく波風立てず、なるべく自己主張せずにひょいひょいといく人が出世しやすい。だから、上にいく人ほどやりたいこともなければ、使命感もない人である可能性が高い、という話はよく耳にします。

養老　そうそう、そういうタイプが私は最も苦手なんです。

どこかゴツンとしてぶつかるような人でないと、信用できない。ぶつかる人というのはたしかに迷惑なんだけれど、ある程度迷惑なほうが信用がおける。本音で生きている証拠ですからね。

小島　なるほど。それが先生の「人を見る目」の一つであるわけですね。

哲学者の鶴見俊輔さんによれば、第二次世界大戦の最中に、ドイツ人でも「こんな戦争はバカげている」と言う人がいたし、日本兵でも「殺し合いに行くのはイヤだ」と言う人がいたと言うんです。

でも、そういう実感があったにもかかわらず、現実に彼らのとった行動はそうではなかった。感覚的に感じ取っているのに行動が伴わなかった。

養老　だから田舎に行けと言っているんです。人間は何でも思いどおりにできると思っていてはいけないんです。田舎で暮らせばそれがわかるできないものをマニュアルでなんとかしようというのが、現在の体制です。マニュアルどおりにやれば、誰にでも同じことができると思いこんでいる。でも、マニュアルに想定されていないことが起こったときに、当然マニュアルは使えませんからね。

救急の医者がよくぶつくさ文句を言っていますよ。いまの若い医者は教科書どおりの症状でないと処置ができないって。だから私は講演でよく言うんです。みなさん、ケガをするんだったら教科書どおりにケガしてくださいって（笑）。

弱い者が楽に生きられることが日本のいいところ

養老　日本という国は島国ですから、ある意味では楽で、だから甘くなる、弱くなるんです。大陸から生き物が入ってくると、在来の種類が駆逐されてしまう。イタチだって本土イタチより朝鮮イタチのほうが強い。
これに対して、大陸というのは地続きだから、いろいろなものが次々にやってくる。強くないと生き残れないんです。伝染病も次々に入ってきます。ペストが流行って人口が三分の一になってしまうことが何度もあった。そこで生き残ってきた者は、やはり強いんですよね。

日本は暮らしが楽で生き方がやさしいということの裏返しとして、外来種にも病気にも弱い。しょうがないでしょ。そこで肩肘《かたひじ》張って、我こそは世界一だなんて言ってみる必要はないんですよ。さきほど言ったとおり、日本は世界人口六九億六〇〇〇万のうちの一億二八〇〇万、即ち五五分の一でいい。それを超えたら、むしろ注意しなくてはいけない。それより足りない国からしたら、乗っ取ってやろうかという気になるでしょ。

もともと日本人には、やたらにカネを稼いだってしょうがないよ、人に妬まれるだけだよ、という感覚があるんです。経済大国なんて言って浮かれていたのは、バカの証拠です。

小島　目立つこと、人にうらやましがられることが即ち成功、幸せなんだ、という考え方に捉われているんですね。子どもに、世界に一つだけの花として目立ってほしい、それが子どもの才能を活かすことなんだと、強烈に思いこんでいる。

養老　それがおかしいんだよね。世界に二つある花があったら持ってこいと言いたい（笑）。同じものなんてないんですから。世界にたった一つの花しかないんです。

小島　はじめから無二ですよね。こっちに咲いている花とあっちに咲いている花はそれぞれが無二。でも、現実には、どっちかに決めなさいと言われることが多い。

子育てでも、田舎と都会とどっちなのということではなくて、両方が素晴らしい。それを、どちらが正解かを教えてください、どちらなら成功するんですかと言い続けてきたから、子育てがしんどくなるのだと思いました。

養老　日本という国についてもう一つ言えることは、どんな国にも国の財産というものがあって、日本の場合、それが石油ではないことははっきりしているでしょ。

日本の財産は自然と人的資源です。だからこそ、それをきちんと知る、それを一番よく利用するということが大事なんです。風土に合わないものをいくら入れたって無理なんだから。

日本の人口は世界の五五分の一。
もう「我こそ世界一」なんて、
肩肘張らなくていいんですよ。

小島　この、地震がしょっちゅう起こる狭い国土、石油も出ない国土でどうやって生きていったらいいのか。この「問い」に対して、原発でやってみたけれど失敗でしたという「答え」が出てしまったということですよね。ただ、「問い」は依然として残っているわけですね。

養老　それを解決する知恵がいま、求められているわけです。

石油が切れることは前からわかっていました。だから原子力だということになったんだろうけど、誰もがわかっていて言わなかったことがある。原子力の最大の問題はゴミの処理法ですよ。その方法がないんです。

そのことは走りながら考えましょうということになってたんだけど、こんな原発事故が起こってしまうと、もう走りながら考える暇すらないですね。

原発事故で次々にバレた、二〇世紀日本の失敗

小島　とりあえず後の世代に任せようとしていたら、その前に自分たちの身に

降りかかってきちゃったわけですね。

原発も、自分の措置一つで何万人、何十万人も死ぬかもしれないということをあらかじめ覚悟していないと、それを建設したり、それに携わったりすることはできないはずですよね。

養老　それだけの覚悟があれば、そういうつまらない失敗はしないと思うんだよね。

今回の事故は本当に惜しかった。原子炉そのものに決定的な損壊はなかったわけですからね。予備の電源が水を被って動かなくなってしまった。発電所だというのに。

水のなかに入れても大丈夫な携帯電話だってあるというのに、どうして原発の電源装置は水に浸かったらダメになってしまうのか。これは付属装置にそれだけの重さをかけてなかった、つまり手抜きですよ。

それに、今回のような事故が起こったときに、「私に任せてください、命をかけて収束させますから」と言って陣頭指揮を執る人、つまり覚悟ができているエリートが、原発の現場にはいるんだと思っていたのに、いなかった。

小島　権限のある人々が、肝心のときに権力を行使しないなんて、何のためのエリートなんでしょう。

養老　東電、経産省、保安院、政府……誰も当事者ではなかった。それがおかしいんですよ。

日本では原発が政治問題化して、肝心の原発自体のオペレーションがすっかりお留守になっていた。原発トラブルを国に報告することを怠った件で東電の社長や会長、相談役までがごそっと辞任したり、原発に反対していた福島県知事が収賄事件で逮捕され、それが国策捜査ではないかという騒動になったり、みんな、政治問題でしょ。

だから、今後、日本の原発をどうしていくかは、本当に難しい。停止中のものも含めて、既に五五基も稼働している。これから手を引いていくにしても、はい、やめた、では済みません。やめるために当分は動かしていなければならない。では、その老朽化した原発をどうやって維持していくのか。

小島　福島第一原発は、最終的に廃炉にするまでに、数十年かかる見通しとも言われています。びっくりしました。

養老　そうなんです。その長きにわたる後ろ向きの仕事を誰がやるのか。これは本当に難しい問題です。専門的業務のための若い人をきちんと育てなくてはならないし、それをするには、若い人に希望を与えなくてはいけない。希望を与えるには、将来性のある業務であることが必要だし……。

戦争では引き上げるとき、しんがりが最も難しいんです。負け戦の処理が一番難しい。だから一番優秀な人にやらせる。これと同じですよ。これからの日本は、最も優秀な人を最も後ろ向きの仕事につけなくてはならない。

しかし、将来性のない、希望のない仕事に優秀な若者が手を挙げるとは思えない。結局、こんなのどうでもいいやと思っている人が維持するということになりかねないんですよ。

小島　それは恐ろしいですね。

養老　だから、やめるにもうっかりやめられない。

小島　たとえこれから優秀な若い人を育てることができたとしても、そのための新たなコストがかかるし、リスクも高過ぎるし、原子力はまったくリーズナブルなエネルギーではないですよね。

養老　……ということがバレちゃった。二〇世紀の大きな失敗のツケが回ってきた。

原発の根本的な問題は、それが平均的な人間の能力内に収まっていなかったということですよ。これは非常に大切なことで、原発の現場には常に天才がいるわけではない。平均的な人が維持できるシステムでなければ、持続させられるはずがないんです。

オウムの若者とオレオレ詐欺の若者は同じ「問い」の答え

小島　二〇世紀の日本で若い秀才たちが起こした事件として、オウムの事件があります。先生が東大を退官されようと思った理由の一つだそうですね。

養老　まだ地下鉄サリン事件が起こる前のことですが、東大医学部にオウムの学生が出現しました。尊師が水の底に一時間いるという実験をやるから、私に立会人になってくれと言ってきたんです。

私はポカーンとしましたよ。マジックのタネを見破ってみろと言っているのかなと思ったら、そうではない。大真面目なんです。

私も一応、医者ではあるので、彼が統合失調症でないことはわかった。だとすれば、彼はおかしい。医学部の学生であれば、人間は五分間酸素の供給を断たれれば、脳が回復不能の障害を起こすことは百も承知のはずなんです。それなのに、なぜ一時間も水の底にいられるということを疑わないのか。さらに、体が宙に浮くとまで言い出した。

この学生の出現の少し前から、大学にオカルトブームが入りこんでいるのは承知していました。にしても、ここまでおかしなものを妄信しているとは。つまり彼のアタマのなかには、科学的知識と、妄信する別の知識が同居しているわけです。

もう教師はやめだ、と思いました。教育のどこかがおかしいと思ったからです。学生を育てるということは、「人を変える」ということです。しかし、教育はもはや、「人を変える」ということをしなくなっていたんです。

小島　その隙に麻原彰晃が入りこんだ。

養老　そうです。やがて世を揺るがすサリン事件が起こった。地下鉄サリン事件は、まさに私が東大を退官した一九九五年三月に起こりました。

ああいう連中が現れ、事件を起こした。それは何かの「答え」であるわけですが、その「問い」が何なのか、私にはわかりませんでした。

もう一つわからなかったのは、オウムに入りこんだのは、理科系の教育を受けた二流くらいの秀才だった。文化系の秀才はどうしていたのかと言えば、彼らは、少し遅れてオレオレ詐欺をやっていました。

では、これらの「問い」は何なのか。長年不思議に思っていたことが最近になってようやく、解けてきました。さきほど、反捕鯨とか、禁煙とか、地球温暖化とか、世論が操作されていると言いましたが、その縮小版が日本で起こっていたんじゃないか。世界的規模で世論が操作される、その流れのなかにあったんじゃないか。
　原発なんて、見ようによってはオレオレ詐欺と一緒でしょ。
小島　「電気が足りないんだよ」「これがないとダメだ」と言って不安をあおる……。
養老　そうそう。そういう、世論をどう操作するかということを、政府も民間も始めたのではないか。
小島　オウムの場合は、この世の中が間違っているからアルマゲドンを起こさなければならないと言い続けた。しかし、それはあなたの生活実感のどこから来ているのかと言ったら、そこは乖離《かいり》していたわけですよね。
養老　そうですね。人間がアタマのなかで暮らすようになったので、そういう人が増えてきた。時代の必然ですね。
小島　危ない、手に負えないとわかっている原発を建てることは、それと同じ行為だったということですね。

「エネルギー問題が大変ですよ」「石油でこれ以上やっていけないですよ」と言われ続けたら、自分では裏が取れない。なるほど、そのとおりだな、だから原発は必要だなと、人々はアタマのなかの世界だけで受け入れてしまった。それが先生のおっしゃる、「政府、文系の秀才たちがこぞってオレオレ詐欺をやったんだ」ってことですね。

「科学の結論は正しい」と言う人はインチキ

養老　「科学の結論は正しい」なんて言う人は、その人はインチキなんです。

小島　正しさは限定的、ということですか。

養老　科学で言えるのは「正しい」ということではなくて、「この場合はこの法則が当てはまります」ということです。何でもそうではないですか。

1＋1＝2という、アタマで考えた理屈は誰もが知っているけれど、現実には1＋1が2にならないケースがたくさんあります。例えば、アルコール1と水1を混ぜても2になりません。分子の大きさがまるで違うから、ボーリングの球とパチンコの玉を混ぜるようなものなんです。ボーリングの球の間にパチンコの玉が入ってしまうから、足して2にならない。どんなに理論がきちんとしていても、すべて実地に合うということはありえない。

小島　理論上そうなると言うにとどまる。

養老　そうです。それがどこまで現実とマッチングするかを明らかにするのが、科学なんですよ。

小島　原発の安全性は、そこを、「理論上安全です」の一点張りでやってきちゃったわけですね。

養老　そう。本当は「やや危険です」と言わなければいけなかった。

小島　人はなんとしても、すっきりとした正解がほしいんですね。

生きていくために大切なのは「何が正解か」ではなく、「何が必要か」なのに、アタマの世界は「正解」を求めて、仮定の上に仮定を重ねて、「必要」からどんどん乖離していく。

地球温暖化の問題で言えば、CO_2が増えて困っているから減らす必要があると、暮らしの実感として感じている人が増えたわけじゃない。CO_2を減らすことが、いまの世の中の正解だと思う人が増えたから、温暖化防止の支持者が増えたんだと思います。

生きていく上では、矛盾とか相克に直面せざるをえないけれど、「正解」はたどり着いてしまえば終わり。「正解」を求めるほうが楽ですよね。

養老　そうそう。そういう態度はどこかに手抜きを発生させてしまう。

小島　そんなすっきりした正解ばかりではないんだということを実感するために、自然との接点が必要であり、ローカルであることが必要であるわけですね。

養老　原発はその対極だからね。インフラから核分裂のプロセスから、完全に人間がつくったもので、唯一の自然はそこから出てくる放射能です。

小島　なんと逆説的。

技術を極めても、自然のオリジナルなものには勝てない

養老　工学の世界ではさかんに脳みそをシミュレートしています。しかし、本当によくできたシミュレーションは、脳そのものになってしまうでしょ。ヒトの脳なんて世界に六九億もあるのに、これ以上こしらえてどうするのか（笑）。生殖技術にしても、六九億もの人間がいて、世界の人口が増え過ぎて困っているのだから、もうこれ以上増やさなくていいではないですか。どうして自然にあるものより、いいものをつくろうと思うのだろう。

小島　人工的なものには限界があると。

養老　そう。人間が操作したところで、オリジナルよりいいものになるという保証なんかないですよ。

小島　だったら元から自然にあるものを大事にしたほうがいいですね。

養老　そのとおり。そんなに生殖技術をやりたいのなら、もっと子どもを産ん

で増やせばいいんです。

小島　それがままならない人にとっては技術は光明ですが、技術があれば自然を克服できると思いこむのは、現実的ではないということですね。

親は産んだつもり、子どもはひとりでに生まれたつもり

小島　日本は少子化社会です。これは何とかしなくてはいけないものなんでしょうか。

養老　う〜ん、これは人力及びがたし、ではないですか。何か生物学的な現象であるような気もします。そもそも人間が多過ぎる。

小島　「ボクみたいな人間が親になる資格はないと思う」とか、「私は人を育てる自信がありません」という理由で子どもを持たないという人によく会いますが、先生、どう思われますか。

養老　暇なんだな（笑）。だからああでもない、こうでもないと考える。子ど

もというのは、そんなふうに考えて産むようなもんじゃないですよ。
そんな悩みながら産んでもらったって、子どもも迷惑でしょうから、このままでいいのではないですか。気がついたら生まれていたというのが自然ではないですか。そうでなければ、子どもには不幸でしょう。

小島　そうですね。気がつけば生まれているものだということでなく、自分の意志で産んだと思うから、子どもが親の持ち物になってしまうんですよね。

養老　そう、最初の出発点が傲慢《ごうまん》なんですよ。昔は子どもは授かりものでした。
親は産んだつもりでも、子どもにしてみればひとりでに生まれたつもりなんです。あなただって気がついたら生まれていたんでしょ。

小島　はい。気づいたら生まれていました（笑）。
私は母が三五歳のときの子どもで、当時としては高齢出産でしたから、周りからは心配されて堕ろすように言われたそうです。「それでも産むと決めてあなたを産んであげたのよ」と何度も言われました。「お母さん、申し訳ない」と思いつつ、子ども心にそれも妙な話のような気がして、たしかに、「私、気づいたらここにいただけなんですけど」と思っていました。

養老　みんなそれぞれ、そういう事情があるんですよ。でもそれはそれぞれが引き受けなくてはいけない。

だからある程度の年齢になったら、育ちがああだった、こうだったと言わないことです。育ちのせいにしない。過去は全部チャラ。それが大人になるということです。

背の高い人同士が結婚しても子どもの身長は平均に戻る

小島　こんな時代に産んだら、子どもがかわいそうだから産まないという人もいます。

養老　それはどこかで、子どもを持たなければいけないという意識があるから言うのではないですか。

小島　なるほど。

子どもを産んでいない女は一人前じゃない、子どもを持っているから基盤があるのよとか言う人、これがまた多いんです。先生のおっしゃった「部分合理性」を自分の人生に持ちこもうとする表れなのかもしれないですね。自分は幸せなんだ、なぜならば自分は子どもがいるまっとうな人間だからだと。

養老　自分の人生の根拠を子どもに求めるのは、話が逆立ちしてますよ。自分が先なんだから。

小島　子どものあるなしで人の値打ちを決めるのは、本当に不毛なことだと思います。

ただ一方で私の場合、子どもを持つまでは実感としてわからなかったことが多いんです。子どもを産まなかったら、このまま気がつかなかっただろうという発見がたくさんある。それが子どもを産んでよかったなあと思うことの一つです。

自分たちの生い立ちも、自分の親も、自分の子も、コントロールできることはなくて、すべてはいったん引き受けることから、始まるんですね。

養老　だからこの年になると、人間の平均ということを考えます。

小島　平均ですか。

養老　普通の人と言ってもいいし、常識と言ってもいいかもしれません。「平均」以上を要求しても、それは無理というものなんです。生き物はみんなそうです。例えば、背の高い人同士を結婚させれば子どもがどんどん背が高くなっていくかというと、そうではない。必ず平均身長に戻るんですよ。

小島　おお、そうなんですか。

養老　それは統計学の法則になっています。背の高い両親を集めて子どもの身長を測ってみると、平均近くの数値になっていたんです。人間の身長というのは、多くの遺伝子の相互作用で、一個で決まるわけではないですからね。だから混ぜてしまうと当然、平均に近づいてきます。

原発の問題で言えば、あのシステムは、平均の人、普通の人が維持できるものだったのか。

自分にできないことを、人に要求してはいけないということですよ。

自殺者三万人超えは経済的な理由によるのか

小島　これもぜひ先生にご意見をうかがいたかったのですが、日本では自殺者が年間三万人もいます。この数がすっかり定着してしまいました。どう思われますか？（編集部註／二〇一二年以降、自殺者数は三万人を切っている）

養老　三万という数は異常ですね。

私も学生に二回、死なれたことがあるんです。二人とも女子学生でした。一人は実習中に突然「先生、実習が終わったらお話があるんですけど」と言ってきた。「いつでもどうぞ」と答えたのに、結局彼女は来なかった。実習が終わるのを待たずに、そのまま精神科に連れていくべきだったと、後になって思いました。

もう一人はすれ違ったとき、「この人、何か言いたいな」と感じた。そのくらい無言で訴えていたんです。でも、彼女はほかの先生を訪ねていくところだったので、そのとき話を聞かなかった。そうしたら数日後に亡くなってしまった。

若い人の場合は本当に危ないです。スッと行ってしまう。専門に研究している人に聞いても、結局予測がつかないと言うんです。でも、どうにかして防げなかったものかと、いまだに考えあぐねています。

小島 山一證券が破たんした翌年から三万人を超えているということで、経済的な背景があるのではないかと言われますが。

養老 違うな。

経済的な面では、いまの日本は私たちが過ごしてきた戦後の時代に比べたら、桁違いに楽ですから。当時の「食えない」は、本当に「食べるものがなくて食えない」だった。いまは自己破産だって平気でできる。本当の意味で経済で困っているわけではないと思います。

一九七〇年に、私はしばらくオーストラリアに滞在していました。当時の人口は八〇〇〇万。そういう人口の少ないところは一人ひとりの人間の重みが違うんです。

田舎をドライブして途中の牧場でウシを眺めていたら、通りかかったクルマが例外なく停まりました。ドライバーがわざわざ降りてきて、「大丈夫か？」と聞いてくる。周辺にガソリンスタンドも何もないところですから、人に会うとニコニコしながら堰《せき》を切ったように話し始めるんですよ。人が少ないと人間の価値が高くなるんですね。

小島　一人ひとりそれぞれに、全員に気を配るだけの気持ちの余裕や濃厚な交流意欲がある。

養老　そういうことです。それは日本にもあったのに、非常に薄くなってしまったのではないでしょうか。

日本は人間一人ひとりの重みが感じられない社会

小島　「無縁社会」という言葉もあります。

養老　そうなんだよね。家族が崩壊したとか、地域社会がないとか、いろいろなことを言われるけれど、人間関係のしがらみというものは、プラスにもマイナスにも働くわけです。しがらみが嫌だから、みんな田舎から都会に出てくるわけでしょ。でもそうすると今度は、何かあったときに頼れる、つながるべき相手がいないということになってしまうんです。

小島　そうですね。今回の震災の被災地である東北でも、地域の共同体がしっかりしていたことがプラスに働いて、でもある面では、避難所にいくつかの共同体の人が混在すると、かえって軋轢が高まるというマイナス面もあったようです。

養老　われわれはどのくらいの人間関係であれば最も居心地がいいのか、考え直す必要がありますね。

私は現在のマンションのつくり方は、あまり利口なつくり方ではないと思っているんです。同じようなハコをただきちんと四角に並べていくのでは、あまりにも知恵がない。せめて丸くするとかしてほしい。真ん中にコモンの広場をつくるんです。
　鎌倉の路地を歩いていると、卒中で倒れて動けないジイさんが少しだけ窓を開けて、いつも外の路地を眺めているんですよ。知り合いが通ると、その窓越しにおしゃべりが始まる。

小島　ああ、いいですね。

養老　いいでしょ。いまのマンションではそれができないもの。

小島　そうなんですよね。以前住んでいたマンションは中庭がありました。各戸のドアが中庭に面していたので、住民が自然に顔を合わせ、みんな顔見知りだったんですね。とくに親しく付き合っていたわけではないのに、いまだに街で見かけると、声をかけ合いますよ。
　顔が合う構造か、そうでないかとかいうだけでも、ずいぶん違いますよね。

養老　自殺の問題も、そこが関係しているような気がするんですよ。それはあちこちで言われていることですけれど、いわゆる地域社会が相当希薄になっている。もう少し一人ひとりの重みが感じられるような暮らし方をすれば、防げる自殺が相当あるような気がするんです。

三万の死には三万通りの謎があり、一括りにできない

小島　私も不安障害だったときには自殺願望がありました。何度も窓辺に立ったことがあったんです。そのとき、切実に死にたい明確な理由というのは、実はなかったんです。病気でセロトニンの調節がうまく機能しなくなってしまったわけですから。半年間のカウンセリングと投薬で不安障害が治まりましたので、もうそのようなことはないのですが、本当に苦しかった。

養老　歳をとると、病気ならずともそうなってきますよ。面倒くさいことが起こると、死んだら楽だろうと、素直にそう思うようになってくる。

小島　先生は思わないでしょ（笑）。

養老　いや、ときどき思います。それでも死なないのは、まあ、そこまでは面倒くさくないからなんでしょう。でも、限度を超えたらやはり危ない。だって

そんな面倒くさいことを一生懸命やるより、死んでいなくなるほうが簡単に片づくな、ということがあるでしょう。

小島　私がそうでした。子どもに対しても、自分なんていいお母さんではないと思いこんで、私みたいなお母さんはとっとといなくなって、早く次のいいお母さんが来てくれたほうがいいに違いない、と思った。

夫に対しても、私がいい妻になろうとするよりも、私がいなくなって新しい恋愛をしたほうがいいに違いない、と思いました。家族も辛かったろうと思います。

養老　程度の差こそあれ、そういう思いに駆られることは、誰にでもあるんでしょう。

小島　周りの人たちは原因についてあれこれ探ろうとしますが、実のところ、亡くなったご本人も明確な理由はわかっていないのかもしれないと思います。

養老　それはそうですよ。

小島　だから三万という数字は、三万通りの謎があるわけで、だからこれをまとめて何か一つの対策で解決しようとしても、それは難しいと思います。法整備、雇用、地域、教育、医療など、様々な対策を同時に進行させないと。

養老　それにおそらく多くの人の気持ちのなかに、死にたいやつは死んでもしかたないというような思いもあることは否めないでしょうね。それは結局、一人ひとりの重みが軽くなっているということですよ。

いまを生きろ、本気になれないことなんかするな

小島　この震災や、あるいは病気や事故で亡くなったりした子どもの話は、自分が子どもを持ってからというもの、いっそう深く胸に突き刺さるようになりました。同時に、私の子どもが明日死なない保証などどこにもないんだ、ということにも思い当たるわけなんです。

そうすると、長男はわずか八年、次男は五年の人生になってしまう。こんなにも熱烈に大きくなりたがっているのに。それでも仮に明日、この子の人生が

終わったとしたら、この子の人生はどうだったのか。傍《はた》から見ればたった八年、たった五年で死んじゃって、なんてかわいそうにということになるんだろうけれど、では八〇年の人生に比べて実りのない人生だったのかと言えば、きっとそうではない。

だから親にしてやれることは、いまこのとき、子どもが幸せを感じるようにしてあげることであって、将来幸せになるためのいまを与えることではないだろうな、と思ったんです。

養老　結局はそうですよ。その日、その日を本気で生きているというのが一番大事、一番幸せなんです。子育てもそうだけど、ホスピスがそうなんです。それはホスピスの医者が言いました。

ホスピスではどんな人が最高によい生き方を見せているかというと、その日その日を本気になって生きている人なんだそうです。いま、その場のことに本気になっている人が最も元気に生きているんです。それは普通の人生でも言えることですよ。だから本気になれないことなんかするなって言うんだ。

小島　本気になれない仕事もするな。

養老　でも、サラリーマンの仕事はそうはいかないでしょ。

小島　そうですね。さきほどのお話にもありましたように、会社のためには自分の仕事を曲げたりする。

養老　そう。だからそれがストレスになってしまう。だんだん積み重なっていけば、生きていく気力が磨《す》り減っていくのではないかな。

攻撃性が自分に向かう日本、他者に向かうアメリカ

養老　自殺というのは、一種の攻撃性です。それが自分に向かうから目立たない。アメリカの場合は、それが他人に向いているのだと思うんです。銃の乱射事件がよく起こりますが、他人を大勢撃ち殺しているようで、実体は完全に自殺ですよ。

小島　そう言えば、最後に自分を撃つことがある。

養老　そうなんです。攻撃性が自分に向くか他人に向くかの違い、つまり文化の違いです。

日本はご存じのように、殺人率が非常に低いんです。私はその代わりに自殺が多いのではないかと思っています。日本人は、他人を攻撃するよりは自分を攻撃するという自己完結型です。だから他人を巻き添えにして死ぬ人も少ない。

小島　そうだとすると、日本では相当、攻撃性が高まっているということですね。その向かう先が自分だから、自殺が三万人になってしまう。

その攻撃性が高まる要因というのは何なんでしょう。

養老　発散ができない。管理社会の問題でしょうね。要するに理不尽なことが多いわけですよ。

小島　会社のためとか、立場のためとか。

養老　そうそう。

小島　そう考えると、アメリカも同様に発散できないでいる人が多いということですか。

養老　もちろんそうです。だから私は、自殺統計と殺人統計を分けないほうがいいと考えるんです。どちらも人殺しですから。

小島　攻撃性が増しているのは、それも都市化が原因でしょうか。

養老　大きな要因でしょうね。実はそういうことを比較文化的に調べてみたいと思っているんです。ヨーロッパでは、ハンガリーが自殺が多い。ハンガリー人はヨーロッパ人とアジアからヨーロッパに移った人たちとの混血です。フィンランド人も同じような混血で、やはり自殺率が高い。どうもアジア系の人には、自殺の傾向が高いのではないかと思われるんです。

都市と田舎に住居を持つこと、旅することとの発散作用

小島　アジア系の人は攻撃性が自分に向く傾向にあるんですね。

養老　他人に迷惑をかけないことを、これだけ徹底的に教育する社会ですから、そうなるのも不思議ではありません。人に迷惑をかけるより、自分がいなくな

るほうがいいとすぐ考えてしまうんですよ。

小島　発散するにはどうしたらいいんでしょう。

養老　昔はお祭りなんかで発散していたのではないかな。無礼講で訳のわからないことをみんなでワーッとやって。

小島　管理社会ではなかなかそういう機会はないですね。

養老　せめて世界が狭くならないように注意しなければいけませんね。

小島　都市と田舎に住居を持つというのは、この点でも役に立ちそうですね。世界が広がります。

養老　そうです。旅行する人が多いのも、同じような理由だと思います。旅行とは一種の転地ですからね。昔から転地療法と言って、転地するとたいていの病気に効き目がありました。転地すると身体が活性化するんです。

旅行しているときは、自分では気がつかないかもしれませんが、食べ物の好みすら変わっていることがあります。ぜひ、次に旅行したときには試してみてください。ふだん自分が食べ慣れているもの、飲み慣れているものを、いまこの旅行先で食べたり飲んだりしたらどうかな、と考えてみる。そうすると、こんなまずいもの食えない、こんなまずいもの飲めないということになりますよ。

第一次産業の現場にいる人は強くて元気でまとも

小島 生きていくということは、本来は、流れているもののなかにポンと落とされて、自分も流れていくことにすぎなかったのに、流れは自分からつくるもの、いい流れ、正しい流れをつくって、それに乗らなければいけないという考え方に、世の中がいつの間にか変わってしまった。いろいろ先生のお話をうかがってきてそう思いました。

養老 そう。それは戦後、変わってしまったんだと、最近になって思うようになりました。だからいまが当たり前なのではなくて、いまが変なんです。

小島 変でない未来にするために、では今後私たちはどうしていけばいいんでしょうか。

養老　それがいま、最もわからなくなっていることでしょう。政治家もそれがわからないから、右往左往している。

先日、愛鷹山（静岡県）に行ってきました。手入れをしたヒノキ林を見に行ったんです。伊勢神宮に木を納めている山持ちも、間伐の名人も、材木屋も、みんな、ジイさんばかりだけれど健康ですよ。そこにさらに年寄りの居眠りばかりしているジイさんがひとり加わった。世界でも有名な炭焼きのおっさんでした。第一次産業の現場で動いている人は、本当に元気でまともです。

小島　今回の震災では、東北の一次産業の方が多く被災されましたね。

養老　でも、そういう人は強いからね。「まあ、そんなこともあるさ」と思っているでしょう。

小島　都会人のなかには、安全なところに引っ越せばいいのにと言っている人もいます。でも、被災された人たちは、あんなひどい目に遭わされた海でも憎いとは言わず、また漁に出たいと言う。ここで住みたいと言います。

正直に言えば、私は、そこまで土地とつながっている人たちの思いを、理解しきれていないんだと思います。

養老　そうでしょうね。だから復興について、元どおりの街をつくるかどうかが、問題になるわけですね。

私は、それは地元の人が決めるしかないという意見です。「たとえ相手が海でも負けないぞ」「来るなら来い」「流されたらまた建て直してやろうじゃないか」という、非常に強い気持ちの人はいると思うんです。高台に新しい街をつくろうと外の人は言うけれど、それをやってしまうと、もしかしたらいままでのように本気で働こうという気が削《そ》がれてしまうかもしれません。

小島　都市化した脳になってしまうんですね。

養老　だから、いろいろな街があっていいと思います。街ごと安全なところへ移る街もあれば、「あいつら、元のとおりにつくりやがって」という街があってもいい。どちらがよかったかは、それこそ何百年も経たないとわからない。

小島　何百年経ってもわからないかもしれませんね。

養老　そのとおりです。危ないところに住んではいけないなんて言ったら、そもそも日本列島に住んでいること自体が危ないということになってしまいます。

小島　また元のとおりに復旧するのは合理性がなくて、高台に移すことが正解だというのなら、日本ごとどこか安全なところに移さなければならないということですね。

養老　世界の記録にある地震の一割、噴火の二割が日本で起こったものですからね。私たちは災害列島に覚悟の上で住んでいるんです。

ロケットを月に飛ばしたのは本当に偉業だったのか

小島　大きな試練を受けて、では私たちの価値観は変わったのでしょうか。少し前まで、ある種定番の幸せというものがありました。努力をすれば学歴というブランドが手に入る。ブランドが手に入ればおカネとかチャンスが手に入る。私の親の時代は、それが幸せというものだと信じていました。でも、もうそんな時代は終わった。

時代が共有する幸せというものがあるのだとしたら、いままでとは違うもののはずなんです。それは何であるのか。実は、震災前からずっと、それを探し続けていたような気がします。

養老　人間がすることの価値というものについて、あらためて考え直さなければいけませんね。

まず、エネルギーを使ってやってきたことを立派なことだと考えるのを、やめなければいけない。科学技術の進歩と言われるものが、どこまで石油がやった仕事なのかということを、考えてほしいんです。

宇宙ロケットを飛ばしたのは、そんなに意味があることなのか。飛ぶだけならハエでも蚊でもできる（笑）。悔しかったら、ハエでも蚊でもつくってみろ。ロケットが月に行ったのは偉業なのか。どうするんですか、月に行って。お前らそこで暮らしてみろ、と言いたくなります。

日本なんかかわいいものですよ。「はやぶさ」が帰って来たらあんなに喜んでいる。帰ってくることを予定して飛ばしたんだから、帰ってきて当たり前なんだけど。どうしていままで帰ってこないものばかり飛ばしていたんだ（笑）。

「普通の人」の手に負えるシステムでなければ持続できない

小島　放送業界は、一人の人間の手の届く範囲、目に見える範囲、声の聞こえる範囲という肉体の限界を超えて、人とつながりたいという欲望が原動力となって、さまざまな技術が発展してきました。

いま、私が仕事をしているラジオの世界でも、通信との融合が進んで、物理的に遠く離れた人と、心理的にはかなり近い距離のコミュニケーションができます。デジタルの技術がどんどん進歩して可能になったのは、地球の裏側にいる人とでも、あたかも目の前にいるかのように世間話ができるということでした。つまり、うんと遠くにいる人との関係をごく普通の生身のふれあいに近づけようとする試みが、技術の進歩を後押ししたわけです。

私は、もともとある生身に近いものほど、進んでいるんだと考えています。

だから、自分が生身でできる範囲のことで技術の発展を考えるほうが、よほど建設的なのではないかと思うんです。

スポーツでは人間の限界を超えることは美しいと言われますが、その人間の限界を超えているのが人間である時点で、なんだか矛盾していませんか。

養老 個人レベルで、普通の人が一〇〇メートル九秒で走れないところを、九秒で走っている分にはいいんです。本人が倒れるだけですから。

それが他人を巻き込むときは相当用心しないといけない。それが本当にみんなの幸せになるのかどうかは、判断が難しいんです。

技術やシステムの最終的な基準は、ごく普通の人に合わせるしかないんです。古くから日本ではそうやってきました。

天皇制もそうです。特別に優秀な人でなければ天皇は務まらないということだったら、こんなに続かなかった。普通の人が務まるように万端整っている。長続きするという点では、天皇制はきわめて優れたシステムです。

小島 そうすると、誰がやっても同じなら、別に自分が責任を取らなくたっていいではないかというふうに堕落していきませんか。

養老　それは短見に過ぎますね。

自分が生きている間だけよければ、あとはどうなろうと知ったこっちゃないというのと同じ考え方ですが、人間は自分が生まれてくるなり、早々に親があることに気がつきますからね。生きものとして、非常に長い歴史を背負っているんですよ。その「答え」として自分がある。

小島　脈々と残り続ける必然性があり、その結果として自分がいる。そこに気づかせるのは、教育の役割ですね。

おカネにも石油エネルギーにも依存しない幸せとは

養老　家元制というのも長続きさせるのに優れたシステムなんです。これも古くから日本にありますね。

小島　先生の奥さまは茶道をされていますから、その優れたシステムを継続されているお一人ですね。

養老　なんであんなこと一生懸命やるんだか。もっとも、あちらでもそう思っているんだろうね。なんで一生懸命、虫なんかいじっているのって（笑）。長続きさせるという意味ではこっちが負けますからね。対抗するには、こっちも家元制にするしかない。

小島　虫道ですか。

養老　ちゃんと標本に箱書きするんです。日本で長続きさせるにはどうしたらいいかと考えると、どうしてもそこに行き着くんです。そうだ、私は虫道養老流を興して流祖となります。

小島　…………開祖さまですね……。先生、最後に、これからの時代が「共有」する幸せというのは。

養老　農業や林業、漁業。そういうところに、もっと価値観がシフトしないといけないと思うんです。

きつくて大変な仕事だと思われているけれど、実は現場はきわめてハッピーなんですよ。さきほど愛鷹山に集まったジイさんたちの話をしましたが、そこでは二〇代の若者から九〇歳近いジイさんまで一緒になって仕事している。年寄り、若い人それぞれの持ち分があって、みんな応分に自分のやったことが目に見えて返ってくるような、そういう生活のほうが幸せなのではないですか。

会社ではそうはいかない。六〇歳を過ぎたら辞めろとか、あいつ邪魔だとかいうことになる。いくら給料が高くて安定していても、それが幸せとは直結しないでしょう。カネは使わなければ幸せにならないわけですが、一生懸命に働けば働くほど、使う暇はなくなってしまうわけですから、あまり意味がない。

私はこれからの幸せのモデルは第一次産業、つまり石油エネルギーでもおカネでもなくて、「自分の力で生きること」に見出しています。

教育も第一次産業の現場にもっと目を向けるべきです。そこには生きた「師」がたくさんいますよ。

これからますます求められるのは、地に足をつけて自分で立つ人間です。それがよき市民、よき人生です。

あとがき　真剣に生きてさえいれば大丈夫

子育ての話をしたい。小島慶子さんが以前からそう言っていたという気がする。でも私は子育てはとうの昔に終わったし、私にとって大切な目前の課題というわけではない。どうでもいいと言っては語弊があるが、現に子育て中の小島さんとは、切実さが違うだろうと思った。だからどうしたものかと思いつつグズグズしていたけれど、小島さんが熱心で根負けして、とうとう子育て対談ということになった。

話してみたら、意見にあんがい一致するところがあって、気持ちよく進んだと思う。やっぱり真剣に何かに取り組んでいる人は話がおもしろい。とくに子育てと仕事を両立させているのだから、万事に体当たりで、そこから出るのは身体から出た言葉である。身体から出る言葉にはウソがない。子育てそのものについては私は聞き手で、適当な註釈を挟むだけだったから、読者が何かを受け取ってくださるなら、それは小島さんの強い思いをとおしてだと思う。

子どもに通じるのは親の真剣さである。そのピントが狂っていることはあるにしても、それは与えられた状況、つまり運だからしかたがない。良いも悪いもなく、振り返ってみれば、ただそうだったとしか言いようがない。七〇歳を超えたら、人生自体をそう思うしか手がない。人生に何か残っているとすれば、自分がいくばくか世間のお役に立てばと思うだけで、お役に立たなくても当たり前であろう。

子を思う親の気持ちは、時代も洋の東西も問わない。育ってしまっても、子どもだったときの思い出が残っている。親はその面影を見てしまうから、子どもをかわいいと思うしかない。そう思わない人もいるだろうが、それはそれ、これはこれである。ひたすらかわいがるのは親のエゴだと言われるかもしれないが、そんなことを気にすることもない。親が子どもに本当の愛情をかけていれば、それでいいではないか。この歳になってみると、そんな気がする。

私の母は「お前には心は掛けたが、手は掛けなかった」と言った。時代が時代で、戦時下の女医では、忙しくて私の世話まで手が回らない。まあ、上手な言い訳をするものだとも思うが、心は掛けても手を掛けないことも、豊かな現代では大切だと思う。

有機農業の世界では、耕さず、肥料をやらず、除草剤もまかずに稲や果樹を育てる。それで十分な収穫をあげるのは大変で、三〇年かかったりしている。でもその結果、何が起こるのか。稲も果樹も、十分に根を張る。だから丈夫で、病虫害に強く、果樹であれば長命である。ヨーロッパには数百年続いたオリーブ畑がある。樹齢四〇〇年という木から相変わらず収穫できる。でもここ一〇〇年で育てた畑はダメで、なぜなら一〇〇年も木がもたないというのである。理由は同じ、若木のときに十分に肥料を与えるから、根が育たない。

でも太陽の光がなかったら、いずれにしてもダメである。子どもにとって、とくに母親はお日様みたいなものであろう。毎日ただ東から出て、西に沈むだけである。それでいいので、子どもにはそれで日が当たっているのである。かつて「原始、女性は太陽であった」と述べた人がいた。とはいうものの、「親はなくとも、子は育つ」。どうしても母親がいるというものでもあるまい。

父親論はあまりしなかった。なぜなら私は父を四歳で亡くしており、父親を語りようがないからである。父親不在を問題だとする見方もある。そうかもしれないが、そうでないかもしれない。どのみち成人すれば、親がいるとかいないとか、そんなことは問題ではなくなる。自分で生きていかねばならないからである。親に恵まれた人もあろうし、恵まれない人もある。でも人生を一枚の絵だと思えば、キャンバスや絵の具がどうであろうと、自分なりの作品を描くことはできる。親はその「お絵かき」の始まりの、手伝いをするだけなのであろう。

養老孟司

あとがき　中途半端で、キラキラしたもの。

子どもを育てて一番変わったのは、何でも思い通りにはならないと身にしみて知ったことです。その結果、自分が誰かなんてどうでもよくなりました。それでとても気が楽になったのです。

電車の中で向かいに座っている人を見ると、たいてい大して話も合わないだろうなという感じです。これと言って話しかけたいとも思わないし、特別な魅力を感じることも稀です。きっと向こうから見たこっちも同じでしょう。けどあの人も親にとったら特別な子どもで、奥さんにとっては大事な伴侶で、子どもがいれば替えのきかない親です。それはこちらも同じ事情ですから、ありふれたかけがえのない人という点では、私たちは同じです。

すると、退屈な車内に注目を引くこともなく座っている自分も、正当な居場所を得ているようで、ちょっと安心します。

もしもこの車両の中で自分だけが特別に輝いていると思っていて、それを誰もが発見して認めてくれないと気が済まないのだったら、乗客はみな憎たらしい鈍感な観客に見えるでしょう。世の中は自分の特別さに気づいてくれない、愚かで無神経な人々の集まりです。翻《ひるがえ》って、注目してもらえない自分はなんて見栄えのしないダメ人間だと落ち込むことになるでしょう。自分だけ初めから舞台の上に立っていると思うと、そうなるのです。

その苦しさを私は知っています。特別であれと言われて育ちました。特別になるためにテレビに映る仕事に就きました。でもちっとも、世界は居心地のいいところではなかったのです。そうですよね、自分を特別扱いしてほしいと思いつづけたら、不満ばかりが募りますから。

その舞台から降りるのに、ずいぶんと時間がかかりました。楽になれたのは、子どものおかげです。生きていることは思い通りにならないということを実感したのは、二人の息子の妊娠・出産・育児という身体的経験を通じてでした。妊娠することは私が決めたのではありません。気づけば着床していました。いなかった人が身体の中にいるようになって、誰だかわからないままどんどん私のお腹の形を変え、私が背骨を作るとも言っていないのに超音波画像にはきれいな骨格が映り、身体はことごとく突如出現した小さな他人に振り回されて、予告なく破水し、有無を言わせず子どもが降りてきて、死ぬような目にあってとにかく子どもを押し出して、ようやく出てきたのは見知らぬ異性です。放っておいたら死んでしまう自分では何もできない存在に、私の心身は二四時間占拠されました。このいなかった人がいるようになってから、何一つ自分の思い通りにならないのです！　なんだなんだこれは、と思いました。

そのときに支えになったのが養老先生の『手入れ文化と日本』です。「子どもは自然、子育ては手入れ」と書いてありました。ああ、自然！　まさに子どもは天災のように降りかかってきて、花のように緻密で完璧な摂理で生きていました。その身体の見事な仕上がり具合と人格の未完成ぶりに、私は毎日目を瞠《みは》り、涙を流し、絶え間なく命の維持に従事させられていました。無私とはこういうことだと思ったものです。

眠る時間さえままならない、トイレに立つことも思うようにならない。もう私は二度と、自分の人生を生きることはできなくなったのだと絶望しました。同時に、これほど尊いものを見たことがないと思いました。子どもに共感して可愛いと思うまでには少し時間がかかりましたが、その前段階として、生まれたての命の生きようとする猛烈な要求と意志に、ひれ伏すような思いで向き合っていたのです。そしてつくづく、私たちは身体であると思い知りました。その身体が実感する物事や、命を維持するための欲求が「自分」てやつなのだと、つまり自分は肉なのだと思ったのです。私もあなたも他の人も、自分の肉しか生きることができないということにおいては、みな同じ。

子どもは他者です。身体が違います。脳の働きも目に見えません。親は、彼らを社会生活に適応するようにしなくてはなりませんが、その人が未熟だからと言って誰もその人を自分のものにすることはできません。どうしたって彼は最初から「ぼくはぼくだ」と思って生まれてきたのだし、事実、切り傷一つも彼の代わりに痛がってやることはできないのですから。このかけがえのない他者と、どうやって一緒に生きていったらいいのだろうか。それが私が先生に聞きたかったことのすべてです。

どうやら生きていることは、中途半端で不完全なことらしい。完成することもないみたい。でもその中でときどき、どうしても確かだと思えるキラキラしたものと出会うことがある。もうそれで十分だと思うのです。それで十分だということを、私は子どもに教えてやりたいと思いました。

養老先生はつかみどころのない方ですが、虫が好きです。虫は先生を確かにします。この本がもしあなたにとってそういうものの一つになったら、とても嬉しいです。

小島慶子

〈著者プロフィール〉

養老孟司（ようろう・たけし）

1937年、神奈川県鎌倉市生まれ。東京大学医学部卒業。専攻は解剖学。東京大学名誉教授。2003年に刊行された『バカの壁』（新潮新書）は400万部を超えるベストセラーに。「脳」「身体」「自然」をキーワードに、現代人が見失った人間と社会の本質について思索を続ける。近著『養老孟司の大言論』（全3巻、新潮社）ほか著書多数。昆虫採集は幼少期以来のライフワーク。

小島慶子（こじま・けいこ）

1972年、オーストラリア生まれ。学習院大学法学部卒業。1995〜2010年、TBSアナウンス部勤務。現在はタレント、エッセイストとして各メディア出演や執筆、講演活動を行っている。『解縛《げばく》』（新潮社）、小説『わたしの神様』（幻冬舎）など著書多数。

絵になる子育てなんかない

2011年10月25日　第1刷発行
2015年 5月30日　第2刷発行
著　者　養老孟司　小島慶子
発行人　見城 徹

GENTOSHA

発行所　株式会社 幻冬舎
〒151-0051　東京都渋谷区千駄ヶ谷4-9-7

電話　03(5411)6211(編集)
03(5411)6222(営業)
振替00120-8-767643
印刷・製本所:図書印刷株式会社

検印廃止

Printed in Japan
ISBN978-4-344-02083-2　C0095
幻冬舎ホームページアドレス　http://www.gentosha.co.jp/

この本に関するご意見・ご感想をメールでお寄せいただく場合は、comment@gentosha.co.jpまで。